Reiner Schiller-Dickhut u.a.
Alternative Stadtpolitik

Alternative Stadtpolitik

Grüne, rote und bunte Arbeit
in den Rathäusern

Mit Beiträgen von

*Gerhard Bialas, Rudolf Boch, Heinz Czymek,
Heidi Haug, Ernst Hoplitschek, Winfried
Kretschmann, Jan Kuhnert, Thomas Langer,
Rainer Link, Reiner Schiller-Dickhut,
Ulli Stang, Norbert Winkler, Michael Winter*

VSA-Verlag, Hamburg 1981

Fordern Sie unser Gesamtverzeichnis an!
© VSA-Verlag 1981, Stresemannstr. 384a, 2000 Hamburg 50
Druck und Buchbindearbeiten: Evert-Druck, Neumünster
ISBN 3-87975-209-5

Inhalt

Vorwort 7

*Rudolf Boch/Reiner Schiller-Dickhut/
Michael Winter*
Die alternative Wahlbewegung und die
Kommunalpolitik –
das Beispiel Bielefeld 9

Heinz Czymek
Bottrop – Eine »rote Alternative«
mit Zugkraft 44

Norbert Winkler
Grüne Bürgerliste für Demokratie und
Umweltschutz in Mörfelden-Walldorf 65

Jan Kuhnert
Die GRÜNEN im Marburger
Stadtparlament 76

Ulli Stang
Ein Jahrzehnt alternativer Stadtpolitik 84

Winfried Kretschmann
Die GRÜNEN im Landtag von
Baden-Württemberg 104

Gerhard Bialas/Heidi Haug
Aktion Gläsernes Rathaus in Tübingen 111

Thomas Langer/Rainer Link
Ein Ausgangspunkt, zwei Wege –
Über den Umgang mit Defiziten
linker Politik in Hamburg 128

Ernst Hoplitschek
Die Alternativen und die »Macht« –
die parlamentarischen Erfahrungen
der AL Berlin 144

Über die Autoren und die politischen
Organisationen 156

Vorwort

Die Autoren der folgenden Beiträge sind aktive Mitglieder und Repräsentanten von linken und alternativen Initiativen, Listen und Parteien, die in Kommunalparlamenten der Bundesrepublik in Opposition zu den drei großen etablierten Parteien stehen. Alle diese oppositionellen Organisationen, so unterschiedlich ihre konkrete Stadtpolitik sich auch darstellt, begreifen sich als Alternative gegenüber der Unbeweglichkeit und Verkrustung einer herrschenden Politik, wie sie von SPD, FDP und CDU/CSU repräsentiert wird. Die politische Konkurrenz, die den etablierten Parteien von Linken und Alternativen in bundesdeutschen Kommunen gemacht wird, ist viel breiter, als es das Buch wiedergeben kann; die politische Mehrheit und damit Macht in den Kommunalparlamenten aber haben sie noch nirgends. Dennoch: die linke und alternative Opposition gegen die vorherrschende Politik in den Kommunen wird immer stärker, und genau dies, die langsame und widersprüchliche Herausbildung einer wirksamen politischen Opposition links von der SPD, galt vielen noch vor nicht allzu langer Zeit als Illusion, oder handfester: als sektiererische Spinnerei.

Fragt man nach den Gründen für diese politische Entwicklung, dann muß zunächst darauf verwiesen werden, daß die etablierten Parteien sich als immer unfähiger erweisen, die aufgehäuften kommunalen Probleme anzupacken und zu lösen, daß sie insbesondere den jüngeren Generationen keine glaubwürdigen Perspektiven mehr bieten, daß sie Mängelverwaltung betreiben wo progressive politische Entscheidungen erforderlich sind, daß sie die Bürger von ihrer Politik fernhalten, damit sie nicht dreinreden. Der Erfolg der linken und alternativen Gruppierungen in den Kommunen hängt also eng mit dem politischen Vakuum zusammen, das die etablierten Parteien, allen voran die gesamtregierende sozialliberale Koalition, im Zerfallsprozeß ihrer politischen Glaubwürdigkeit und Bindungskraft selbst schaffen.

Dieses entstandene und sich erweiternde politische Vakuum mit Alternativen zu füllen, die auch für breite Bevölkerungskreise tragfähig sind, darin besteht die eigenständige politische »Leistung« der bisher erfolgreichen Listen und Organisationen – und das bleibt auch zukünftig die zu lösende Aufgabe. Alle alternativen Listen und Parteien wissen heute, daß der Schwäche der etablierten bürgerlichen Parteien keine programmatisch-politische Stärke der linken und alternativen Opposition entspricht. Die Schlußfolgerungen aber, die in den nachfolgenden Beiträgen gezogen werden, fallen ganz unterschiedlich aus; sie machen die vorhandenen Differenzen und Gegensätze unter den Linken und Alternativen anschaulich. Ob die immer größer werdende Chance, linke und alternative Politik zur Geltung zu bringen, trotz der breiten Differenzen und der unterschiedlichen politischen Interessen genutzt werden kann, wird sich bei der fortschreitenden Erschütterung der wirtschaftlichen und sozialen Stabilität der Bundesrepublik rasch erweisen müssen.

Bei allen Autoren herrscht Übereinstimmung darüber, daß die außerparlamentarische Aktion für jede alternative Stadtpolitik vorrangig ist. Die linken und alternativen Listen und Parteien wissen, daß sie in den Kommunen keine »antikapitalistischen Inseln« schaffen können; Strukturen, die gesamtgesellschaftlich vermittelt sind und beherrscht werden, können nicht von der Gemeinde oder Stadt aus verändert werden; im Bundestag hat noch keine der oppositionellen Gruppierungen auch nur einen Vertreter. Aber im Gegensatz zur unfruchtbaren und praxisfernen Diskussion der 68er Linken über die »Parlamentarismusfrage« sind die Linken und Alternativen heute davon überzeugt, daß praktisch-politische Alternativen in den Städten und Gemeinden möglich sind und sinnvoll angewendet werden können; wie unterschiedlich hier die gestellten Probleme in den Kommunen und die selbstformulierten politischen Intentionen ausfallen, sollen die folgenden Beiträge zeigen. Sie richten sich aber auch gegen die in linken Kreisen gepflegte und bequeme Vorstellung, um Wichtiges verändern zu können, müsse man die Macht im Staate haben, – weshalb eben heute nichts zu machen sei. Die Linken und Alternativen können sich selbst lähmen – oder wie als Beispiel in diesem Buch sich Rechenschaft ablegen, was sie gemacht und was sie falsch gemacht haben.

Im August 1981

Die Autoren

*Rudolf Boch, Reiner Schiller-Dickhut,
Michael Winter***

Die alternative Wahlbewegung und die Kommunalpolitik

**Versuch einer Bilanz
aufgrund praktischer Erfahrung
innerhalb der Bunten Liste Bielefeld**

Die bisherige Unfähigkeit zu einer umfassenden Alternative

Wenn man die letzten drei Jahre alternativer Wahlbewegung – beginnend mit dem Mai 1978, als die Bunten bei den Senatswahlen in Hamburg und die Grünen bei den Landtagswahlen in Niedersachsen zu beachtlichen 3,5%-Ergebnissen kamen, Revue passieren läßt, kann man folgende Zwischenbilanz ziehen: Nur bei Kommunalwahlen und bei »Landtags«wahlen in Stadtstaaten wie Bremen und West-Berlin gelang es der alternativen Wahlbewegung letztlich, die 5%-Hürde, zum Teil recht überzeugend, zu nehmen.

Bei den Bundestagswahlen und bei fast allen Landtagswahlen in Flächenstaaten scheiterte sie dagegen bisher deutlich bis kläglich an dieser Hürde. Die einzige Ausnahme bildete der Wahlerfolg der Grünen in Baden-Württemberg im März 1980. Diese Ausnahme dürfte allerdings die berühmte Regel bestätigen. Den Wahlerfolg in Baden-Württemberg kann man mit der für die Bundesrepublik überaus untypischen Sozialstruktur und damit auch Wählerstruktur der bürgerlichen Parteien erklären. Noch dazu fand die Wahl in einer politischen Schönwetterlage ohne jegliche Polarisierung zwischen den etablierten Parteien statt.

---

* R. Boch, R. Schiller-Dickhut und M. Winter sind Mitglieder der Bunten Liste Bielefeld.

Der Wahlerfolg in Ba-Wü konnte einige Wochen später in Nordrhein-Westfalen nicht wiederholt werden. Und die Bundestagswahl im Herbst 1980 kam einer Niederlage der alternativen Wahlbewegung gleich.

Was waren und sind nun die Gründe für das Auseinanderfallen der Wahlergebnisse auf den unterschiedlichen parlamentarischen Ebenen? – Sicherlich kann noch keine umfassende Antwort darauf gegeben werden, aber eine ganze Reihe von Begründungszusammenhängen zeichnen sich deutlich ab. Auf der Ebene der Kommune kommen eine Vielzahl für die alternative Wahlbewegung günstige Faktoren zusammen, die im Folgenden eingehender beschrieben werden sollen und die dieser Ebene eine besondere Bedeutung für die Entwicklung der alternativen Wahlbewegung zuweisen.

Für die Ebene der Bundestagswahlen (einschließlich der zu Bundestagswahlen hochstilisierten Landtagswahlen à la NRW/1980) kann man – ohne gleich in Fatalismus zu verfallen – konstatieren, daß die alternative Wahlbewegung, d.h. in diesem Fall Die GRÜNEN, noch keine wirkliche Alternative für potentiell für uns gewinnbare Bevölkerungsteile darstellten. Temporäre Gründe waren sicherlich für die Wahlniederlage der Grünen von Bedeutung, etwa das Bild der Zerstrittenheit, das die Partei auf den Gründungsparteitagen, oder anläßlich des Austritts/bzw. der politischen Abstinenz führender Vertreter der konservativen Richtung bot. Auch die politische Polarisierung zwischen den etablierten Parteien, die durch die Strauß-Kandidatur ins Werk gesetzt werden konnte, wird von vielen mit Recht zu diesen temporären Gründen gerechnet. Hinzu kam sicherlich der Mangel an politischen Aktivisten (vor allem in weiten ländlichen Gebieten) und die politische Unerfahrenheit der meisten – entweder sehr jungen, oder überdurchschnittlich alten – Mitglieder der grünen Partei.

Der Mangel an politischen Aktivisten hatte nicht zuletzt seine Ursache in der übervorsichtigen Distanz, in der sich viele Linke – von Kommunisten der verschiedensten Gruppen bis hin zu linken Sozialdemokraten – gegenüber der grünen Partei befanden. Anstatt die politische Dynamik, die die Grünen ausdrückten, zu begreifen, hielten sie sich an der sicherlich anzutreffenden »Schratigkeit« oder »Bürgerlichkeit« fest. Die mangelnde Attraktivität, die die Grünen auf dieses Spektrum ausübte, war schließlich mitentscheidend dafür, daß die Grüne Partei sich in keiner außerparlamentarischen Bewegung vor und während der Wahlkampfzeit zu einer dominanten Kraft entwickeln konnte.

Der eigentliche und wesentliche Grund für die Wahlniederlagen, der sich zugleich in den Flügelkämpfen und der mangelnden Attraktivität der Grünen widerspiegelte, war aber die Unfähigkeit, über ein konsequentes »Nein« zur Atompolitik hinaus in zentralen Politikbereichen (wie der Wirtschafts- und »Verteidigungs«politik) massenwirksame Alternativen zu entwickeln.

Sicherlich konnte sich die SPD zum Zeitpunkt der Bundestagswahlen noch eher als heute, nach nunmehr einigen Monaten »Nach«rüstungsdebatte, als *die* Friedenspartei verkaufen. Sicherlich ist heute, ein Jahr nach dem Bundestagswahlkampf, noch etwas offensichtlicher geworden, daß industrielle Expansion, um jeden Preis und auf Kapitalinteressen zugeschnitten, noch lange keine Arbeitsplätze schafft. Sicherlich ist auch die Illusion ein Stück weiter zerstört worden, daß – selbst wenn die industrielle Expansion nicht mehr quasi naturwüchsig geschieht – sie zumindest über expandierende Staatsausgaben produziert werden könne. Die Sackgasse dieser sozialdemokratischen Strategie wird zunehmend offensichtlicher.

Doch die Niederlage war nur zu einem Teil der Tatsache geschuldet, daß die Sozialdemokratie ihren politischen Verfall so geschickt verbergen bzw. verlängern konnte. Die Grünen hatten nicht nur nicht die Kraft, diesen Verfall aufzudecken, sondern ihre Gegenvorstellungen waren äußerst diffus und dazu noch politisch dilettantisch umgesetzt. Im Bereich der Friedenspolitik erschöpfte sich der Wahlkampf der Grünen in allgemeinen Friedensapellen, ohne verdeutlichen zu können, daß auch und gerade die Politik der SPD eine forcierte Gefährdung des Friedens in Europa bewirkt. Im Bereich der Wirtschaftspolitik gelang es den Grünen nicht (trotz der positiven Ansätze im Saarbrücker Programm der Partei) klarzumachen, daß ihre politischen Vorstellungen nicht den Interessen der arbeitenden Bevölkerung nach wirtschaftlicher Absicherung entgegenliefen, sondern im Gegenteil eine Voraussetzung für eine Zukunft in wirtschaftlicher Sicherheit ohne den Preis der Ruinierung der Gesundheit und Umwelt darstellt.

Der Wahlkampfslogan, der z.B. die wirtschaftspolitischen Positionen der Grünen ausdrücken sollte (er hieß »Für selbstbestimmte Betriebe«), war nirgends Bestandteil einer öffentlichen Diskussion gewesen und blieb nicht nur den potentiell ansprechbaren Bevölkerungsschichten inhaltsleer und unklar, sondern wohl auch der Mehrzahl der grünen Wahlkämpfer. Statt die Chance zu nutzen, sich des Images der »Gürtel-enger-schnallen-Partei« zu entledigen, wurden deplazierte, zu Mißverständnissen Anlaß gebende Leerformeln ausgegeben.

Sicherlich ist dies nicht allein der Struktur und dem Zustand der grünen Partei anzulasten, sondern auch der bislang noch nicht überwundenen allgemeinen Schwierigkeit der alternativen Bewegung, ökologische Erfordernisse mit den traditionellen Grundanliegen der Arbeiterbewegung – selbst wenn sie in der degenerierten Form der DGB-Gewerkschaften versteckt sind – in Einklang zu bringen und damit eine Transformation auf eine qualitativ höhere Ebene zu bewerkstelligen.

Die potentiellen Wähler der alternativen Wahlbewegung, die zumeist aus »kritischen«, eher jüngeren Bevölkerungsgruppen kommen, haben die Diffusität und die dahinterstehende politische Unausgegorenheit der grünen Partei instinktiv registriert und haben, als ihre entscheidenden Interessen
– wirtschaftliche Sicherheit, verkörpert durch den zur Zeit noch bestehenden, gesellschaftlichen Status quo DGB/Unternehmer
– und Frieden
durch eine potentielle Strauß-Regierung gefährdet waren, es vorgezogen, der SPD ihre Stimme zu geben. Dabei ist es völlig unerheblich, ob dies aus Illusion in oder aus vermeintlicher Kalkulierbarkeit der politischen Verkommenheit der SPD geschah.

Wo diese zentralen Interessen nicht berührt waren, glaubten diese Wählerschichten der Bunten und Grünen es sich leisten zu können, alternativ zu wählen. *Das Wachstum der alternativen Wahlbewegung auf der weniger brisanten kommunalen Ebene war bisher die Kehrseite der Medaille, die auf der anderen Seite von der Unfähigkeit dieser Bewegung geprägt war, der Sozialdemokratie als umfassende Alternative entgegenzutreten.*

Die Chancen der kommunalen Ebene für die Wahlbewegung

Nach der Skizze der bisherigen Schattenseite der alternativen Wahlbewegung, deren Unzulänglichkeiten und sozio-politisches Umfeld nur angedeutet werden konnte, soll nun beschrieben werden, warum gerade die kommunale Ebene eine so wesentliche Bedeutung für die Entwicklung der alternativen Wahlbewegung hatte und hat.

Nicht zuletzt die Kommunalwahlen in Hessen im April 1981 haben noch einmal bestätigt, daß die Kommune das »schwächste Glied« der etablierten politischen Institutionen der Bundesrepublik darstellt. Der Legitimationsverfall der bürgerlichen Parteien auf dieser Ebene ist eminent. Dies bestätigt auch die Studie der Universität Gießen eindrucksvoll, die am 20./21. April 1981 im Dokumentationsteil der »Frankfurter Rundschau« veröffentlicht wurde. Die Unterschiede zwischen den Parteien haben sich auf kommunaler Ebene weit mehr verschlissen, als auf Bundesebene. Vor allem die Integrationskraft der Sozialdemokratie gegenüber fortschrittlichen Bevölkerungsschichten leidet erheblich unter der Tatsache, daß auf kommunaler Ebene keine rettende Polarisierung hergestellt werden kann. Es dürfte wohl auch ein hoffnungsloses politisches Unterfangen sein, eine Polarisierung zwischen einem sozialdemokratischen Bäckermeister und einem christdemokratischen Metzgermeister betreiben zu wollen. Die Bereitschaft gerade dieser kritischen Bevölkerungsschichten erhöht sich dadurch, einer neuen Gruppierung, trotz aller politischen Fragezeichen durch ihre Stimmabgabe eine Chance zu geben.

Zudem wird für viele Menschen die Verfilzung von bürgerlichen Parteien, städtischer Verwaltung und lokaler Wirtschaft zunehmend handgreiflich vor Augen geführt. Ihre Bereitschaft zu Widerstand wächst, wenn sie von Entscheidungen und Projekten dieses Filzes (Stadt»sanierung«, Flughafenerweiterungen, Stadtautobahnen) betroffen werden, die spürbar nicht den Interessen des »Bürgers«, sondern nicht weiter erkennbaren, »höheren« Interessen dienen.

Wo immer es alternativen Listen gelang, sich zum Anwalt dieses Protestes (z.T. waren sie sogar Produkt dieses Protestes) zu machen, war genügend politischer Rückenwind vorhanden, bei Wahlen in das etablierte Parteienkartell einzubrechen.

Die Häufung von Betroffenheit und Protest im kommunalen Bereich ist nicht zufällig. Der rapide Strukturwandel des bundesdeutschen Kapitalismus und dessen gleichzeitige ökologische Krise werden am ehesten auf der lokalen Ebene erfahrbar. Umweltverseuchung und angeblich »zukunftsweisende« großtechnologische Infrastrukturprojekte, die die Lebensqualität ganzer Landstriche in Frage stellen, werden vom »Bürger« nicht mehr nur abstrakt und gefiltert am Bildschirm nachvollzogen, sondern immer häufiger vor Ort miterlebt. Der überwiegende Teil der krisenhaften gesellschaftlichen Entwicklungen in diesem Land, z.B. die Krise des Wohnungsbaus, werden auf der kommunalen Ebene ausgetragen und produzieren dort ihre Betroffenen.

Die etablierte Kommunalpolitik steht vor einem Dilemma: Bei sinkenden finanziellen Einnahmen und sinkender finanzieller Autonomie, wälzt der Staat immer mehr Sozial- und Nachfolgelasten auf die Kommunen ab. Einen aktuellen Einblick vermittelt das Diskussionspapier der Hauptversammlung des 21. »Deutschen Städtetages« in Hamburg vom Mai 1981, das im »Informationsdienst Alternative Kommunalpolitik« Nr. 1/2 (Juli/August 1981) vollständig wiedergegeben ist. Einmal abgesehen von den völlig systemkonformen politischen Schlußfolgerungen, enthält das Papier wichtige Informationen über die Veränderung des Finanzverteilungsschlüssels zuungunsten der Städte und Gemeinden sowie über andere Ursachen ihrer verheerenden finanziellen Situation. Verschärfend zur finanziellen Enge kommt die Konzeptionslosigkeit der städtischen Verwaltungen hinzu, die zur Zeit noch mit Ideen der 60er Jahre vergeblich den krisenhaften Erscheinungen der 80er Jahre beizukommen versuchen.

Wie im kleineren Maßstab schon im vergangenen Jahrzehnt, kann man es geradezu als »Herzstück« bundesdeutschen Krisenmanagements bezeichnen, Krisenfolgen zu partialisieren, zu regionalisieren und, soweit es noch geht, auf gesellschaftliche Randgruppen abzuwälzen. Die sozial sehr heterogen zusammengesetzten »Opfer« dieses Krisenmanagements werden auf der lokalen Ebene zurückgelassen. Die lokale Ebene ist der Ort, an dem die von diesem System »Ausgespuckten«, seien es nun die neuen jugendlichen Subkulturen oder die traditionellen ökonomischen Randgruppen, mit ihrem selbstzerfleischenden oder nach außen gerichteten Protest gettoisiert werden.

Die lokale Ebene wird auch der Ort sein, an dem die bisher in der Bundesrepublik sozialpolitisch stabile Lage der Kernbereiche der Arbeiterschaft in Mitleidenschaft gezogen wird. Die Schließung ganzer Industrieanlagen (wie etwa Hoesch, Dortmund) wird in den betroffenen Gemeinden überproportional große Verbitterung hervorrufen und die bereits zunehmende ökonomische Deklassierung durch Dauerarbeitslosigkeit in einer Reihe von Städten und Regionen noch verstärken. Auch »normale« Facharbeiterfamilien sind bereits und werden in Zukunft noch stärker durch die Wohnungsnot in den großen Städten erfaßt.

Gemeinsam ist allen skizzierten »Opfern« – vom Studienrat, der sich gegen die Flughafenerweiterung wehrt über den Hausbesetzer bis zum arbeitslosen Stahlarbeiter – erst einmal nur, daß sie sich auf der Ebene der direkten Betroffenheit von der Wirtschafts- und Umweltkrise, nämlich auf der kommunalen einschließlich der betrieblichen artikulieren und sich dort am ehesten praktisch verbinden lassen.

In der praktischen Verbindung der verschiedenen sozialen Teilbewegungen vor Ort liegt, neben dem oben umrissenen Legitimationsverfall der bürgerlichen Parteien, das Geheimnis der bisherigen Erfolge kommunaler Listen. Kann die Aufrechterhaltung einer politischen Spannbreite von äußerst spontanen jugendlichen Hausbesetzern bis zu eher bürgerlichen Umweltschützern oder enttäuschten Sozialdemokraten auch als ein ständiger Balanceakt gewertet werden, so machte doch gerade dieses Spannungsfeld die politische Dynamik und politische Schlagkraft aus und wird auch der Nährboden der weiteren Entwicklung der alternativen Wahlbewegung bleiben.

Während sich auf kommunaler Ebene diese Spannbreite weniger konfliktreich aufrechterhalten läßt, ist auf Landes- oder Bundesebene der latent krisenhafte Zustand der Grünen der notwendige Ausdruck der Heterogenität und des regional unterschiedlichen Entwicklungsstandes der Alternativbewegung. Den Grünen als bundesweiter Partei hat bisher in fast allen Politikbereichen eine gemeinsame Praxis gefehlt, d.h. ein vergleichbarer Realitätsfindungs- und Lernprozeß, in den sich kommunale Listen gestellt sahen, die plötzlich vor der Aufgabe standen, alternative und gleichzeitig praktische Politik zu machen.

Da, wenn die Grünen an sich selbst zugrunde gehen sollten, derzeit keine vergleichbare Zusammenfassung des vorhandenen, gegen die etablierten Parteien gerichteten Potentials an ihre Stelle treten könnte, muß ihnen – trotz der oben beschriebenen Politikunfähigkeit in wahlentscheidenden Politikbereichen – eine positive Funktion zugewiesen werden. Die Grünen sind das Forum, in dem die letztlich gemeinsame Wurzel aller Teilbewegungen – die Kritik an der menschenfeindlichen Produktivkraftentwicklung des bundesdeutschen Systems – zur theoretischen Klarheit eines gesellschaftlichen Gegenkonzeptes entwickelt werden muß. In dieses Forum müssen gerade diejenigen hinein, die wissen, daß es sich dabei in weiten Bereichen (nicht allen) um die Perversität und Anarchie der kapitalistischen Wirtschaftsordnung und ihrer spezifischen Produktivkraftentwicklung handelt, statt diejenigen rechts liegen zu lassen, nach deren ersten Erfahrungen und Augenschein die industrielle Welt »an sich« verantwortlich scheint. Neuere Entwicklungen, über die noch zu sprechen sein wird, lassen zudem in der Frage des Aufbaus einer bundesweiten politikfähigen Alternative zumindest Silberstreifen am Horizont erscheinen.

Zum Abschluß der Ausführungen über die bisherige Konzentration und erfolgreiche Entwicklung der alternativen Wahlbewegung in den Kommunen und Stadtstaaten sei noch auf die Existenz einer besonderen aktiven Trägerschicht dieser Listen eingegangen. Diese Trägerschicht ist in den kommunalen Widerstandszentren gegen Atomprojekte auf dem Lande nur als vereinzelte Individuen existent, läßt sich aber in der Entwicklungsgeschichte großstädtischer Listen genau ausmachen und war für die Herausbildung dieser Listen äußerst wichtig. Gemeinsames Merkmal dieser Trägerschicht ist es, sich schon vor fünf, sechs oder zehn Jahren aus dem politischen Integrationsbereich der Sozialdemokratie gelöst zu haben. Zumeist geschah dieser Ablösungsprozeß von der SPD während oder in den Ausläufern der Studentenbewegung und machte sich v.a. an der von der SPD getragenen Politik des Abbaus demokratischer Rechte und der Formierung der bundesdeutschen Gesellschaft nach den bereits notwendigen oder zukünftigen Erfordernissen einer sozialdemokratisch-bürgerlichen Krisenstabs-»Philosophie« fest. Ohne die Chance und Relevanz zu einer sozialistischen Parteibildung links von der Sozialdemokratie zu haben, erfaßte dieser Ablösungsprozeß jedoch erhebliche Gruppen der akademischen Jugend. Über die akademische Jugend hinaus verbreitete und verstärkte sich diese Ablösung von der SPD, im Gefolge der gedanklichen Impulse der AKW-Bewegung, etwa seit den Jahren 1976/77.

Innerhalb dieser – sicherlich unzureichend – skizzierten sozialen Gruppe hatte mit dem Schritt, über die alternativen und grünen Listen die vielfältigen historisch tatsächlich vorhandenen und nicht nur abstrakt analysierten Bruchlinien und Widersprüche dieser Gesellschaft aufzugreifen, ein erheblicher Umorientierungs- und Umgruppierungsprozeß stattgefunden. Nicht wenige »alte

Linke«, denen die Politikfelder der alternativen und grünen Listen erheblich »unter dem Niveau« ihres zeitlos (unhistorisch) analysierten »Grundwiderspruchs zwischen Kapital und Arbeit« liegen, stehen heute noch der alternativen Wahlbewegung abstinent gegenüber, oder schleppen ihre unverdauten Widersprüche in diesen Listen sparachlos mit sich herum.

Unter denjenigen, die diesen Schritt mehr oder weniger bewußt gemacht haben, hat sich jedoch seit einiger Zeit eine Konzeptions- und Strategiedebatte entwickelt, die über den Weg durch die kommunalen Listen einen wichtigen Einfluß auf die gesamte alternative Wahlbewegung haben könnte. Die Eckpunkte dieser Debatte seien kurz angedeutet:

Einerseits ist man sich der Schwierigkeiten bewußt, auf Bundesebene als wählbare Alternative präsent zu sein. Vor allem ist man sich aber auch bewußt, daß es politische Borniertheit wäre, die Grenzen der erfolgsverheißenden kommunalen Ebene nicht zu sehen. In kommunalen Politikfeldern, wie etwa Wohnen, Haushalt oder Verkehr, kann man hauptsächlich immer wieder nur die Schranken, die das bundesrepublikanische System für ein menschliches Dasein setzt, erfahrbar machen und in der Öffentlichkeitsarbeit umsetzen. Man kann allerdings keines dieser Politikfelder in der kommunalen Auseinandersetzung »gewinnen« (selbst wenn man die Mehrheit im Stadtrat hätte) und entscheidende Verbesserungen im Sinne der Bevölkerung durchsetzen. Die wesentlichen Kompetenzen und Entscheidungen liegen auf anderen Ebene. Daher kann es selbst bei den schönsten Mehrheiten und Alternativprojekten keine Städte als »alternative Inseln« geben.

Auch ist die kommunale Ebene keine Widerstandsebene »per se« zu den Ansprüchen und der Macht des bürgerlichen Staates, und der betroffene »Bürger«, der sich gegen den Staat wehrt – obwohl dieser Begriff ein vereinheitlichendes Moment für begrenzte Kämpfe ausdrücken kann – ist letztlich ein leerer Begriff von schlechter Abstraktheit. Es gibt arme Bürger, reiche Bürger, junge Bürger, fortschrittliche Bürger und fünf Millionen Ausländer, die noch gar keine Bürger sind. Das soziale Gebilde der Kommune ist letztlich die unterste Organisations- und Verwaltungsform unserer Gesellschaft und letztlich das getreue Spiegelbild ihrer gesellschaftlichen Zustände. Ein neues Weltbild »Bürger gegen Staat«, wie es z.B. bei den Bremer Grünen unterschwellig anklingt, wäre eine politische Regression ins Spätmittelalter.

Ein weiterer Punkt dieser Debatte ist die Frage der anzustrebenden, aber einer Gratwanderung gleichkommenden Verbindung von reformerischer Politik und einem umfassenden, gesellschaftsverändernden Konzept und Anspruch. Die Politik der alternativen Listen und der grünen Partei ist ja in der Praxis keineswegs »mehr« als die reformerische Infragestellung des Monopols der etablierten Parteien, obwohl die dann in Gang gesetzte politische Dynamik sie durchaus darüber hinaus treiben könnte.

Einerseits besteht die Chance, daß die alternative Wahlbewegung u.a. auch das Vakuum von linksreformerischen Positionen besetzt, die längst von der Regierungs-SPD geräumt sind, die aber – gebündelt mit ökologischen Notwendigkeiten und neuem ökologischem Bewußtsein – nicht an Anhang in der Bevölkerung verlieren, sondern deren Anhang zunimmt. Andererseits besteht die Angst, daß man mit reformerischen Positionen zugleich ein reformistisches Staatsverständnis, oder zumindest reformistisches Politikverständnis, übernehmen könnte.

Diese aufkeimende Debatte könnte in nicht allzu ferner Zukunft eine erhöhte Bedeutung erlangen, falls sich – wie durchaus zu vermuten steht – relevantere Kräfte vom linken Flügel der Sozialdemokratie politisch auf die alternative Wahlbewegung zubewegen sollten.

Neue Möglichkeiten zur Herausbildung einer politischen Alternative auf Bundesebene

Neue politische Entwicklungsrichtungen seit Beginn des Jahres 1981, die noch eine gewisse Zeit brauchen werden, um sich voll zu entfalten, weisen erfolgversprechend über die Ebene einer linken und ökologischen Kommunalpolitik hinaus.

Eine sich verstärkende Schwächung der politischen Integrationsfähigkeit der SPD auf bundespolitischer Ebene könnte die beschriebene Schwäche der Wahlbewegung, auf dieser Ebene eine glaubhafte Alternative darzustellen, überwinden helfen. Die sozialliberale Koalition verliert an Initiative und Zusammenhang und möglicherweise wird sie das Ende der laufenden Legislaturperiode nicht mehr erleben. In der SPD gibt es in einer Vielzahl von bedeutenden Fragen keine gemeinsamen Positionen mehr.

Und nur deswegen hat die kleine Minderheit der standhaften

Nein-Sager in der SPD-Bundestagsfraktion soviel Aufsehen erregt, weil sie die Spitze eines Eisbergs von Entfremdung und von inhaltlichem Dissens mit der Regierungspolitik dieser Partei in der Mitgliedschaft und Wählerbasis der SPD ist. Diese Differenzen haben sich in den »Personal«debatten der letzten Monate – um Holger Börner in Hessen und OB-Klose in Hamburg – inhaltlich konkretisiert und bestehen keineswegs mehr allein aus dem einen oder anderen Dissens in Einzelfragen. Wenn auch die SPD im Sinne des Regierungsflügels »gefestigt« aus diesen Auseinandersetzungen hervorgegangen zu sein scheint, so ist doch die Frage: zu welchem Preis und für wie lange Zeit? In Südhessen beginnen vor allem jüngere Sozialdemokraten in die alternative Wahlbewegung abzuwandern und neue Zerreißproben stehen mit der Debatte um die Haushaltskonsolidierung des Bundes (Sparmaßnahmen) im Herbst 1981 bevor, die auf eine einschneidende Verringerung des sozialen Besitzstandes der arbeitenden Bevölkerung hinauslaufen wird.

Zwar wächst die Gefahr einer Verschiebung der sozialen Basis der Regierung nach rechts (unter einer neuen Koalition), aber es entwickelt sich auch die Möglichkeit der Neuformierung von politischen Kräften außerhalb des alten Parteienschemas. Im Unterschied zur Situation am Ende der sechziger Jahre, als die CDU-Aera ihrem Ende entgegenging, hält das etablierte Parteiensystem keine Reserve bereit, der die Fähigkeit zu einem »neuen Aufbruch« zugetraut würde und in die zumindest Teilziele der Protestbewegungen eingebunden werden könnten. Der Mehrheitstrend der enttäuschten SPD-Wähler geht nicht zur CDU, sondern wechselt zu den Alternativen oder übt Wahlenthaltung.

Die Situation soll am Beispiel der Friedensbewegung verdeutlicht werden, ein Thema, was aller Wahrscheinlichkeit nach der SPD vor knapp einem Jahr noch den Wiedereinzug in die Regierung sicherte. Heute wird bereits für breite Teile der Bevölkerung offensichtlich: Der Regierungsflügel der SPD betreibt wohlwollend die Stationierung von Pershing II und Cruise Missiles in der Bundesrepublik. Damit wird das Lebensinteresse der Bevölkerung dem Kalkül der amerikanischen NATO-Politik untergeordnet, das Risiko eines begrenzten Atomkrieges möglichst weitgehend auf Europa zu verlagern und ihn dadurch für sich überhaupt erst führbar zu machen

Wer diese Politik ablehnt, kann in der FDP oder der CDU keine

Alternative sehen. Beide Parteien unterstützen noch unzweideutiger die Unterordnung unter die Strategie der USA.

Der oppositionelle Flügel in der SPD und unter der bisherigen Wählerschaft – in dieser Frage schält er sich am deutlichsten heraus, ist aber keineswegs darauf begrenzt – möchte der Konsequenz der US-Strategie ausweichen, ohne jedoch die Einordnung Westeuropas in das NATO-Bündnis aufgeben zu wollen. Die Politik der Reagan-Regierung scheint aber gerade darauf abzuzielen, diese »unsicheren Kantonisten« zu Bekenntnissen zu zwingen und die Spreu vom Weizen zu trennen. Der Erhalt der Einheit der bundesdeutschen Sozialdemokratie gehört sicherlich nicht zu den erklärten Zielen der US-Regierung, dagegen aber strategische Ziele, die den Zerfall des Reformblocks, der bisher die sozialliberale Koalition getragen hat, forcieren.

Eine Politik, die darauf abzielt, den Schritt der »Nicht-Parteilichkeit« zwischen den USA und der Sowjetunion zu wagen und damit der immer drohender werdenden atomaren Auseinandersetzung eine blockfreie, atomwaffenfreie Zone in Westeuropa entgegenzusetzen, wird vom oppositionellen Flügel der SPD nicht verfolgt. Die realen Verhältnisse dürften diesen Flügel aber mehr und mehr in Richtung einer solchen Politik drängen.

Hier beginnt nun die Chance für die alternative Wahlbewegung auf Bundesebene. Es genügt nicht, auf die allmähliche Desillusionierung über die Ziele der US-Politik im oppositionellen Flügel der SPD zu warten, sondern für eine Politik in Richtung auf eine blockfreie, atomwaffenfreie Zone in Westeuropa müssen die Kräfte und die theoretische Klarheit erst einmal außerhalb der SPD entwickelt werden, um dadurch einen starken äußeren Druck zu erzeugen, wodurch zugleich der Raum entstehen würde für eine klare Formierung der Kräfte innerhalb der SPD.

An dieser Aufgabe muß die alternative Wahlbewegung organisatorisch wachsen und sich inhaltlich als Alternative profilieren. Selbst eine weiterhin heterogene Wahlbewegung, die sich zumindest in diesem einen Punkt einig ist, wäre dann immer noch für die potentiellen Alternativwähler besser, als eine friedensgefährdende SPD-Politik.

Je mehr sich allerdings bis dahin die alternative Wahlbewegung »von unten« durch die kommunalen Erfahrungen und Lernprozesse konsolidiert und auch in zentralen wirtschaftspolitischen Bereichen glaubhafte Alternativen entwickelt, um so leichter dürfte es der oppositionellen SPD-Minderheit fallen, sich von ihrer Partei abzuseilen. Es wird eine wichtige Aufgabe sein, in der vor uns liegenden Zeit einer wachsenden Zahl von SPD-Aktivisten durch unsere Entwicklung zu vermitteln, daß zwar neue Lernzwänge und Bewußtseinsschübe auf sie warten, aber nicht das politische Nichts.

Diese politische Chance, sich auf Bundesebene als wirkliche Alternative zu erweisen, kann die alternative Wahlbewegung aber nur wahrnehmen, wenn sie sich im derzeit noch die Realität bestimmenden politischen Koordinatenkreuz definiert, und nicht irgendwo »jenseits« oder »vorne«. Diese Begriffe stehen für allzu häufig gemachte Ausflüge aus der Wirklichkeit, zu denen sich eine unheilige Allianz von Super-Spontis und Super-Ökologen zusammenfindet, für die die bürgerlichen Parteien und die ihnen noch immer entgegengebrachte Massenloyalität überhaupt nicht mehr zu existieren scheinen. Die alternative Wahlbewegung muß (ob sie nun Grüne, Bunte oder sonstwie heißt), wenn sie auf längere Sicht politisch überleben will, die Bildung eines *linken Blocks* im Auge haben.

Dieser Block muß der ökologischen Vernunft und sozialen Emanzipation verpflichtet sein. Dieser Block darf in der Propagierung und Umsetzung von Reformen nicht auf den Staat orientieren, sondern darauf, daß die gesellschaftlichen Teilbewegungen ihre Interessen autonom realisieren können (ohne daß der Sozialstaat aus seiner Verantwortung entlassen wird). In diesem Block müssen sich die Aktivisten der ständigen Abwägung zwischen politischer Effektivität und demokratischer Kontrolle ausgesetzt sehen (soweit sich diese im Wege stehen). Rotation in den politischen Funktionen – allerdings nicht in der völlig überzogenen Form mancher heute existierender Listen – imperatives Mandat und ein hohes Maß an demokratischen Strukturen müssen die moralische Glaubwürdigkeit herstellen, die heute den etablierten Parteien, selbst den »linken Sozialdemokraten«, abgeht.

Alternative Kommunalpolitik als notwendiger Lernschritt

Die Chancen für den Aufbau einer realen Alternative im gesamtgesellschaftlichen Bereich sind also bedeutend größer geworden, als dies noch vor einem Jahr – zur Zeit der Bundestagswahl – der Fall war. Das heißt jedoch nicht, daß man nun die kommunale Ebene endlich hinter sich lassen könne. Diese Ebene muß weiterhin das lebendige Zentrum der Erfahrung mit und der Vermittlung von alternativer Politik bleiben.

Es nützt nur begrenzt etwas, eine abstrakte Gesellschaftsanalyse und ein abstraktes Gegenkonzept zu entwickeln, wenn man den bestehenden Bedürfnissen nach Veränderung, die in Teilen der Bevölkerung heute wach werden, keine konkreten Alternativen und Übergangsforderungen, keine »konkreten Utopien« bieten kann. Auf der kommunalen Ebene stoßen diese Bedürfnisse hautnah erfahrbar an die Grenzen des heutigen Gesellschaftssystems und die kommunale Ebene gibt uns die Möglichkeit, attraktivere Formen des Wohnens, Arbeitens und der menschlichen Kommunikation für eben diese Teile der Bevölkerung in unseren zu entwickelnden Gegenkonzeptten erkennbar werden zu lassen, sei es in Form symbolischer, beispielhafter Projekte, sei es durch die Propagierung realisierbarer, neuer Ideen.

Das unbedingt notwendige Gegengewicht zur »konkreten Utopie« muß allerdings in einer Kommunalpolitik liegen, die breiteren Bevölkerungskreisen, die uns in irgendeiner Form nahestehen, Vertrauen vermitteln kann. Die alternative Wahlbewegung muß die notwendigen politischen Fähigkeiten entwickeln, in der heute existierenden Wirklichkeit der Kommune politisch handlungsfähig zu werden und zu bleiben.

Die Herstellung dieser Handlungsfähigkeit ist auch die Grundlage, von der aus die oben skizzierte links-ökologische Blockbildung auf örtlicher Ebene vorbereitet werden kann. Auf diese Vorbereitung muß eine alternative Kommunalpolitik in erheblichem Maße ausgerichtet sein (dazu genauere Ausführungen im direkt anschließenden Abschnitt).

Der teils bewußte, teils den Umständen geschuldete Weg der Alternativen und Grünen in die Kommunalpolitik hat sich als ein absolut notwendiger Lernschritt erwiesen, der für den Realitätsfindungsprozeß und für die zukünftige Vereinheitlichung der alternativen Wahlbewegung unerläßlich ist und unerläßlich bleiben wird. Eine Kommunalpolitik jedoch, die nicht in der Lage ist, sich in die gesamtpolitische Landschaft der Bundesrepublik einzugliedern und sich an der Herausbildung einer überregionalen Wahlalternative zu den etablierten Parteien zu beteiligen, endet letztlich in der Sackgasse eines skurrilen, alternativen Lokalpatriotismus.

Profilierung der alternativen Wahlbewegung auf kommunaler Ebene

Die Katze scheint sich in den Schwanz zu beißen: Eine mit realen Chancen ausgestattete Partei links von der SPD kann nur zustande kommen, wenn sich bundesweit halbwegs relevante Teile der SPD abspalten und andererseits sieht es bisher immer noch so aus, daß eben dieser linke Flügel so lange – wenn auch frustriert – in der SPD verharrt, bis sich eine fertige Partei anbietet, in der dieser Flügel glaubt, sich in etwa politisch »wohlfühlen« und sich zuordnen zu können.

Als sich Ende 1978/Anfang 1979 in Bielefeld die Bunte Liste gründete, war einer ganzen Reihe von Leuten dieses Dilemma bewußt. *Das Experiment Bunte Liste implizierte von Anfang an den Versuch, eine politische Organisierung linker und ökologischer Politik außerhalb der SPD zu betreiben, wobei die Orientierung auf das (Kommunal)-Parlament als gemeinsamer Bezugspunkt für die im 1. Abschnitt skizzierten heterogenen sozialen Teilbewegungen vor Ort gesehen wurde.* Darüberhinaus war die Absicht, im Parlament zu arbeiten, aus der Einsicht entstanden, daß die überwältigende Mehrheit auch der fortschrittlichen, potentiell ansprechbaren Bevölkerungsteile immer noch dem parlamentarischen System »vertraut«. Eine Grundüberlegung war, daß den Linken zwar bewußt sein mag, welche Funktion der Parlamentarismus in diesem Staat hat, dieses sie jedoch nicht von der Aufgabe enthebt, den anderen Menschen dies auch zu beweisen. Es galt, einen arroganten, unreflektierten Antiparlamentarismus aufzubrechen. Eine weitere Überlegung war, daß die Organisierung linker Politik außerhalb der SPD bisher auch am Mangel eines vermittelbaren und von breiten Teilen der Bevölkerung wahrnehmbaren politischen Vorgehens gescheitert war. In der Vergangenheit hatten viele linke Gruppen keinen gesteigerten Wert auf die Vermittelbarkeit ihrer Arbeit gegenüber der Bevölkerung gelegt. Hauptsache, die politische Linie war »richtig«. Kernpunkt des politischen Experiments Bunte Liste war für viele Mitglieder, daß sie von der Sorglosigkeit in dieser Frage Abschied nahmen.

In der Kommunalpolitik sahen relevante Teile der Bunten Liste Bielefeld einerseits die Möglichkeit, die skizzierten Sackgassen der bisherigen linken Organisierung außerhalb der SPD zu verlassen und andererseits der Lösung des Problems näher zu kommen, das oben als das der Katze, die sich in den Schwanz beißt, bezeichnet wurde.

Aus der Einsicht, daß politisches Vertrauen bei fortschrittlichen Bevölkerungsteilen und politisches Vertrauen in Teilen der SPD und ihres Umfeldes nur aus einer Politik erwachsen kann, die sich den konkreten Interessen der Bevölkerung annimmt und zu partiellem gemeinsamem Handeln mit besagten Teilen der Sozialdemokratie kommt, entstand die im folgenden beschriebene Praxis der Bunten Liste Bielefeld.

Dabei schien uns die Kommunalpolitik eine wünschbare Ebene genügender Konkretheit zu sein. Neben im 1. Abschnitt beschriebenen »Geländevorteilen« begünstigte sie unseren Realitätsfindungsprozeß und entsprach dem organisatorischen und theoretischen Stand der alternativen Wahlbewegung.

Obgleich von der Notwendigkeit einer bundesweiten Organisierung überzeugt, betrachtete die Bunte Liste Bielefeld den Parteigründungsprozeß der Grünen mit Skepsis. In einem Interview mit der Frankfurter Rundschau, daß nach dem Einzug der Bunten Liste in das Ratsparlament im Oktober 79 gemacht wurde, erklärten Vertreter der Bunten Liste damals, daß sie vorerst größere Chancen in einer spinnenetzartigen Ausbreitung und politischen Konsolidierung von unten, von der Ebene der Kommunalpolitik her, sahen.

Die Richtigkeit dieser Einschätzung hat sich bestätigt, obwohl die derzeitigen Entwicklungen auf bundespolitischer Ebene neue Möglichkeiten eröffnen.

Anhand welcher Themen und Kontroversen die Bunte Liste Bielefeld versucht hat, eine Politik voranzutreiben, die den genannten Ansprüchen zumindest in der Tendenz gerecht wird, soll im folgenden beschrieben werden.

Einordnung in das politische Spektrum

Noch bis zur Kommunalwahl im Herbst 79 wurde die Bunte Liste von ihren Mitgliedern bestenfalls als »irgendwie« links definiert. Nicht wenige sahen in ihr eine neue Qualität, auf die sich die »veralteten« Begriffe links und rechts gar nicht anwenden ließen. Spätestens am Tage nach der Kommunalwahl stand die Bunte Liste Bielefeld vor der Notwendigkeit, Farbe bekennen zu müssen. Das Wahlergebnis hatte ihr eine »Zünglein-an-der-Waage-Funktion«

beschwert. Würde sie, wie vor der Wahl angekündigt, dabei bleiben, daß sie die Wahl des Oberbürgermeisters nicht weiter interessiere, und sie sich deshalb auf jeden Fall enthalten würde (eine Position, die nicht nur damals von vielen Listen bezogen wurde), würde dadurch die Wahl eines CDU-Oberbürgermeisters möglich (siehe auch AL-Artikel). Eine Tatsache, die unmittelbar im linken Bielefelder Spektrum eine heftige Propaganda unter dem Motto »Wir haben es ja gleich gesagt, die sind völlig unpolitisch und bringen die Rechten ans Ruder« zur Folge hatte. Nur die sofortige Klarstellung, man werde durch das eigene Wahlverhalten auf jeden Fall einen CDU-OB verhindern, und eine deutliche *politische* Kennzeichnung des OB, den man zu wählen bereit sei (den es allerdings in den Reihen der etablierten Parteien nicht gab), verschaffte der Bunten Liste Luft und zwang die drei anderen Fraktionen, sich auf einen SPD-OB zu einigen.

Politisch ins »Geschäft« kommen unter Zuhilfenahme der SPD

Völlig einig war die Bunte Liste sich, daß eine feste Koalition mit einer der etablierten Parteien nicht in Frage kam. Eine der Hauptstoßrichtungen des Wahlkampfes war gewesen, dem Filz der drei Rathausparteien eine wirksame Opposition entgegensetzen zu wollen. Wie sich nun am besten Unruhe in diesen festgefügten Dreiparteien-Block, der sich seit fast 20 Jahren in allen wesentlichen Fragen einig gewesen war und alle Posten und Pöstchen einträchtig untereinander aufgeteilt hatte, bringen ließe, war die Frage, die beantwortet werden sollte.

Die erste wichtige Entscheidung der Bunten Liste in diesem Zusammenhang war, tatsächlich auch alle Aufsichtsratspositionen, Beiräte und Ausschußmandate, die ihr zustanden oder die sich durch Verhandlungen erreichen ließen, wahrzunehmen. Die zweite Entscheidung, die die Politik, die im folgenden beschrieben werden soll, überhaupt erst möglich machte, war die Professionalisierung der Parlamentsarbeit, soweit sie vertretbar und finanzierbar erschien.

Wesentlicher Ausgangspunkt der Parlamentspolitik der Bunten Liste war die Einsicht, daß die drei etablierten Parteien kein monolitischer Block sind, daß vor allem die SPD eine besondere Rolle spielt, nicht nur weil sie in einigen wichtigen Fragen grundsätzlich andere Positionen als CDU und FDP vertritt, sondern auch, *weil sie in sich selbst widersprüchlich ist.*

Nun eröffneten die Mehrheitsverhältnisse im Bielefelder Rathaus (SPD 31, CDU 28, FDP u. BL je 4 Sitze) der Bunten Liste die Möglichkeit, sowohl die SPD in Widerspruch zu CDU und FDP zu bringen (durch gemeinsames Abstimmungsverhalten mit der Bunten Liste) als auch Widersprüche in der SPD deutlich und lebendig werden zu lassen (wenn die SPD mit der CDU u. FDP stimmt, obwohl zumindest für die SPD-Linke bessere Lösungen zusammen mit der Bunten Liste denkbar gewesen wären).

In die reale Parlamentspolitik stieg die Bunte Liste zunächst auf dem Umweg über zwei dicke Wahlversprechen der SPD ein. Es handelte sich dabei um ein Gesamtschul- und ein Freizeitzentrumsprojekt. Beide Projekte waren schon lange vor dem Wahlkampf von CDU und FDP kategorisch abgelehnt worden und hatten schon eine ganze Legislaturperiode als Alibi sozialdemokratischer Reformbereitschaft herhalten müssen. Daß nun plötzlich zusammen mit der Bunten Liste im Rat eine Mehrheit für diese Projekte da war, hatte die SPD-Spitze bei der Zusammenstellung ihrer Wahlversprechen nicht ahnen können. Die Bunte Liste machte sofort deutlich, daß sie bereit sein würde, beide Projekte im Parlament mitzutragen, was zur Folge hatte, daß die beiden ersten wichtigen Ratsentscheidungen der neuen Legislaturperiode von SPD und Bunter Liste gegen CDU und FDP gefällt wurden. Die Bunte Liste hatte von vornherein ihre Politikfähigkeit unter Beweis gestellt, die Wähler sahen ihre Wahlentscheidung für die Bunte Liste zumindest insofern bestätigt, als deutlich wurde, daß die neue Konstellation im Rat Entscheidungen ermöglichte, die vorher undenkbar gewesen waren. Der linke Flügel der SPD faßte Mut, weil die Bunte Liste gezeigt hatte, daß sie bereit war, typische Bestandteile des sozialdemokratischen Reformprogramms mit ihren Stimmen wieder zum Leben zu erwecken. CDU und FDP waren verunsichert darüber, daß Ratsentscheidungen mit Hilfe einer Gruppierung zu Stande kamen, die sie gar nicht zum Parteienspektrum zu zählen bereit waren. Für die Bielefelder Linke, das sozialdemokratische und gewerkschaftliche Umfeld hatte diese Entscheidungen Signalwirkung. Die Bunte Liste war zu einem Faktor geworden, es konnte sich lohnen mit ihr zu kooperieren, eventuell über sie Druck auf die SPD auszuüben. Daß allerdings mit dem gemeinsamen Ratsbeschluß für zwei unter heutigen Verhältnissen doch recht respektable Projekte die Auseinandersetzung mit und innerhalb der SPD erst anfing, stellte sich erst später heraus, als nämlich die landespolitischen Rahmenbedingungen sowohl für das Gesamtschulprojekt (starke Tendenzen, trotz absoluter SPD-Mehrheit in NRW mit der CDU im Rahmen eines Gesamtschul-Kompromisses eine Bestandsgarantie für Hauptschulen zu verankern) als auch für das Freizeitzentrumsprojekt (Streichung der Landeszuschüsse für die Betriebskosten, nachdem bereits vorher die Zuschüsse zu den Baukosten und damit das Projekt selbst stark beschnitten worden war) sich drastisch verschlechterten. Die Bunte Liste fand sich knapp eineinhalb Jahre nach den gemeinsamen Beschlüssen in der Rolle wieder, sie gegen eine langsam aber sicher von ihnen abrückende SPD verteidigen zu müssen, was zu erheblichen Konflikten innerhalb der SPD und zu einer offenen Solidarisierung des SPD-Umfeldes (z.B. der GEW) mit der Bunten Liste führte.

Nun beschränkt sich die Strategie der Bunten Liste gegenüber der SPD keineswegs darauf, Beschlüsse mitzufassen, die in der SPD zunächst einmal unumstritten sind und die man selbst für halbwegs oder gerade noch akzeptabel hält. Vielmehr geht es hauptsächlich darum, Initiativen zu starten, die einerseits den Widerstand betroffener Menschen, egal ob sie bereits organisiert sind oder nicht, gegen den (wesentlich größeren) Teil der Politik mobilisieren und stärken, den die SPD zusammen mit den etablierten Parteien bestreitet, und andererseits hierfür Bündnispartner am linken Rand und im Umfeld der SPD zu finden, um so die Widersprüche sozialdemokratischer Regierungspolitik auch zu lebendigen Widersprüchen an der SPD-Basis zu machen.

Das Spannungsfeld, in dem diese Politik sich befindet, läßt sich so beschreiben: Die SPD ist als stärkste Fraktion bemüht, eine den Systemzwängen angepaßte, mit möglichst wenig Schwierigkeiten verbundene Krisenbewältigungspolitik zu machen. Der Spielraum für reformerische Politik bewegt sich dabei gegenwärtig gegen Null. Da die SPD einerseits nur schwerlich auf die ihr durch das Wahlergebnis zugewachsene Führungsrolle freiwillig verzichten kann, andererseits sie durch die von Bund und Land vorgegebenen Rahmenbedingungen ständig dazu gezwungen ist, eine Politik zu machen, die eine Verschlechterung der Lage der Betroffenen beinhaltet, muß sie ständig Abstimmungskoalitionen mit der CDU eingehen und sich dabei der Kritik der Linken aussetzen, daß eine bessere Politik ja mit der Bunten Liste machbar sei. Deshalb will die SPD die Bunte Liste immer wieder in die Situation bringen, in der ein Großteil der SPD-Wähler sich seit Jahren befindet: Zähneknirschend dem kleineren Übel zustimmen zu müssen, um zu retten, was zu retten ist. Klassisches Beispiel: Die SPD schlägt vor, im Haushaltsplan die Mittel für Jugendarbeit um 5% zu kürzen, CDU und FDP fordern eine 10%ige Kürzung. Die Bunte Liste soll dem SPD-Antrag zustimmen, weil sich sonst CDU und FDP durchsetzen.

Will die Bunte Liste den Fehler vermeiden, mit dem Hinweis auf die noch rechtere CDU eine rechte SPD zu tolerieren, muß sie praktisch erfahrbar machen, daß die SPD lieber einer aggressiv gegen die Interessen der Bevölkerung gerichteten CDU-Politik zum Durchbruch verhilft, als mit der Bunten Liste gemeinsam die CDU ins Leere laufen zu lassen. Eine solche Politik, die sich nicht zum Mehrheitsbeschaffer des kleineren Übels machen läßt, ist nur dann wirksam und in der Öffentlichkeit vermittelbar (dem Sozialarbeiter im Jugendzentrum oder dem Stadtjugendring sind letztlich 5% Kürzung tatsächlich lieber als 10%), wenn die Bunte Liste erstens ihre Bereitschaft, Kompromisse zum Wohle der Betroffenen einzugehen, mit realisierbaren und einleuchtenden Vorschlägen deutlich macht und zweitens durch das gelegentliche Eingehen solcher Kompromisse auch glaubhaft macht. Nur dann steht die SPD tatsächlich vor der konkreten Alternative der Tolerierung von CDU-Politik oder einer Kooperation mit der Bunten Liste, wenn die Vorschläge der BL einerseits machbar und plausibel sind und andererseits sowohl Bezugspunkte zu sozialdemokratischer wie zu bunter Programmatik enthalten.(In Bereichen wo es keine programmatischen Berührungspunkte gibt, ist es von vornherein wenig sinnvoll Kompromisse anzustreben.) *Auf diese Weise ist eine Situation anzustreben, in der die SPD weitgehend das politische Routinegeschäft erledigt (was sich auch aus ihrer Verfilzung mit der Verwaltung ergibt) und auch formal die Macht ausübt, der Bunten Liste aber die politische Initiative zufällt.* Der realpolitische Einfluß der Bunten Liste ist dabei um so gewichtiger, je deutlicher sie ihren Willen, zu den Kräften im Parlament zu gehören, die für die Herausbildung von Mehrheiten relevant sind, in konkrete Vorschläge und Initiativen umsetzt.

Haushalt 1980 – Anatomie eines Kompromisses

Daß die Bunte Liste gleich in ihrem ersten Parlamentsjahr bei der Verabschiedung des Haushalts, also bei der wichtigsten, schwierigsten und öffentlichkeitswirksamsten Parlamentsentscheidung eine wesentliche Rolle spielen würde, hatte wohl niemand vorausgesehen. Da weder CDU noch FDP sich hatten vorstellen können, daß der sonst traditionell von allen Fraktionen gemeinsam verabschiedete Haushalt von einer Mehrheit getragen werden könnte, die diese Parteien später als Volksfront-Bündnis kennzeichneten, hatten sie sich gegenüber der SPD frühzeitig auf Positionen festgelegt, die für diese schlechterdings unannehmbar waren, wollte sie sich ein Minimum an Profil bewahren. Weil CDU und FDP bis zum Tag der Abstimmung über den Haushalt nicht glauben wollten, daß die Bunte Liste tatsächlich kompromißfähig, also mehrheitsbildend sein könnte, verhielten sie sich durchgängig völlig unflexibel und schafften so die Verhandlungsgrundlage für SPD und Bunte Liste.

Zunächst einmal machte die SPD den Versuch, der Bunten Liste die Verabschiedung des Haushaltes angesichts der »Greuel-Forderungen« von CDU und FDP zu »SPD-Preisen« schmackhaft zu machen. Nach dem bereits weiter oben beschriebenen Muster argumentierten die SPDler, nur wenn die Bunte Liste dem Haushalt so zustimme, wie die SPD ihn wolle, könnten die von CDU und FDP geforderten Verschlechterungen in vielen Bereichen verhindert werden. Diese Vorschläge lehnte die Bunte Liste entschieden ab und entwickelte eine eigene Verhandlungsposition, die im wesentlichen folgende Bestandteile hatte:

Erstens solche Bestandteile, die klassische sozialdemokratische Anliegen im sozialen Bereich aufgriffen, aber über das von der SPD-Mehrheits- und Verwaltungsfraktion gewünschte Maß hinausgingen. So z.B. die Schaffung von neuen Planstellen in von der SPD ungeliebten, weil politisch sehr aktiven Jugendzentren oder Forderungen im (weil sehr teuer) weitgehend verdrängten Bereich der pädagogischen Betreuung von Kindern im Alter zwischen 0 und 3 Jahren (Krabbelstuben).

Zweitens solche Bestandteile, die typische Bestandteile der bunten Programmatik aufgriffen, dabei vom Haushaltsvolumen her nicht besonders bedeutend waren, aber unsere prinzipiell anderen Vorstellungen in wichtigen Bereichen deutlich machten und mit der Verankerung im Haushalt ihr in der bürgerlichen Öffentlichkeit so gern kolportiertes Image der Phantasterei gegen den Nachweis der Realisierbarkeit eintauschten. So z.B. die Beauftragung des alternativen Instituts für Energie- und Umweltforschung (IFEU) mit einer Studie über die Möglichkeiten alternativer Energiepolitik für Bielefeld oder die erstmalige städtische Bezuschussung des autonomen Bielefelder Frauenhauses, obwohl es sich auch weiterhin keinem Dachverband der Freien Wohlfahrtspflege anschloß (was für die SPD eine ordnungspolitische Frage ersten Ranges ist, weil es um ihr Monopol im Bereich der Sozialpolitik geht).

Drittens solche Bestandteile, die Projekte der SPD, gegen die Bunte Liste im Wahlkampf entschieden argumentiert hatte, zwar nicht zu Fall, aber doch wieder in die politische Diskussion brachten, bzw. alternative Möglichkeiten aufzeigten und ein paar Teilerfolge beinhalteten.

So wurde zwar nicht die Stadtsanierung zu Fall gebracht, aber immerhin konnten einige Häuser definitiv erhalten und andere, deren Abriß bereits beschlossene Sache war, wieder in die öffentliche Diskussion gebracht werden. Auch gelang es (natürlich) nicht, das größte Bielefelder Straßenbauprojekt, den Ostwestfalendamm, mittendrin zu stoppen. Es konnte aber ein bunter Akzent gesetzt werden, indem für dieses Projekt vorgesehene Mittel statt dessen für den Radwegebau eingesetzt wurden.

Vor allem der dritte Teil der Verhandlungsposition macht deutlich, daß für das Zustandekommen des Haushaltskompromisses ein relativ weit entwickeltes Gefühl der Bunten Liste dafür, was mit vier Stimmen im Parlament erreichbar ist und wo aus dieser Minderheitsposition heraus die Möglichkeiten, wirklich etwas zu erreichen, aufhören, verantwortlich war. Zwischen den beiden Möglichkeiten, im Parlament nur die »reine Lehre« ohne Rücksicht auf Durchsetzbarkeit zu deklamieren oder aber, wo immer möglich, Teilerfolge im Interesse der Betroffenen zu realisieren, entschied sich die Bunte Liste eindeutig für die letztere. Wichtige Voraussetzung für dieses Vorgehen war die Einsicht, daß ja wohl kaum jemand geglaubt haben könne, die Bunte Liste werde ihr Programm ungekürzt im Parlament durchsetzen, sondern die parlamentarische Arbeit vielmehr die außerparlamentarische dialektisch zu unterstützen habe und umgekehrt. So kündigte die Bunte Liste denn auch bereits in der Ratsdebatte um den Haushalt verstärkte außerparlamentarische Anstrengungen in den Bereichen an, in denen sich keinerlei positive Veränderungen hatten erreichen lassen. Die zur Stadtsanierung und Verkehrsplanung von der Bunten Liste erreichten Minimal-Erfolge waren tatsächlich ein Beitrag dazu, in diesen Bereichen die öffentliche Diskussion neu zu beleben und den bereits eher resignativen außerparlamentarischen Aktivitäten Impulse zu verleihen.

Das Zustandekommen des Haushaltskompromisses bei beinahe vollständiger Durchsetzung der von der Bunten Liste entwickelten Verhandlungspositionen machte die Bunte Liste endgültig zum ernstgenommenen politischen Faktor in Bielefeld und, was wichtiger ist, verlieh den inhaltlichen Positionen der Bunten Liste mehr Gewicht und Glaubwürdigkeit, während die SPD zunehmenden Verunsicherungen ausgesetzt war; denn die Tatsache, daß die SPD in fast allen wichtigen Politik-Bereichen zumindest kleinere Zugeständnisse an die Bunte Liste machte, kurbelte die Diskussionen um SPD-Politik innerhalb und außerhalb der Partei bei zunehmendem Selbstbewußtsein der Kritiker stark an. Auch wenn die SPD später Teile der Vereinbarungen verfälschte, und unsere Erfolge nur eine geringfügige Finanzmasse betreffen, ist die Bedeutung unserer Haushaltspolitik dadurch nicht gemindert: erstens zeigte sie in Keimform, was alternative Politik anstrebt und durchzusetzen vermag, zweitens besteht die positive politische Wirklichkeit der Vereinbarungen darin, daß sie der Bunten Liste die Möglichkeit gaben, an ihnen entlang kontroverse Themen vor einem realen Hintergrund immer wieder zu thematisieren.

Letztlich darf nicht unerwähnt bleiben, daß die Zustimmung der Bunten Liste zum Haushalt 80 die Ablehnung des Haushalts 81 durch die Bunte Liste (und natürlich auch die Gegenpositionen der BL in anderen Fragen) wesentlich glaubwürdiger und politisch wirksamer gemacht hat. In der Neinsager-Ecke ist die Bunte Liste Bielefeld nicht mehr unterzubringen.

Die Hinwendung zur Kommunalpolitik und die »klassischen linken Themen«.

Allen Unkenrufen zum Trotz hat die Hinwendung zur Kommunalpolitik und das immer wieder selbst gesuchte Spannungsverhältnis zur Sozialdemokratie die politische Substanz der Bunten Liste Bielefeld nicht verwässert. Im Gegenteil: Je besser und differenzierter sich die Bunte Liste als »Anwalt« der von kommunaler Filz- und Sparpolitik betroffenen Bürger bewähren konnte, je öfter sie von der Sozialdemokratie als partieller Bündnispartner akzeptiert werden mußte, um so größer wurde auch ihr Spielraum, »brisante« und weitgehend tabuisierte Themen so aufzugreifen, daß sie aus der Isolation der Linken herauskamen, ohne daß das Aufgreifen dieser Themen der Bunten Liste schadete. Vielmehr erhöhte sich ihre Glaubwürdigkeit als radikaldemokratische Wählerbewegung sogar.

Gerade in jüngster Zeit war es – u.a. auch durch Presseerklärungen in der bürgerlichen Tagespresse – möglich, zum im Bau befindlichen Hochsicherheitstrakt der JVA Brackwede, zum Todesschuß eines Sondereinsatzkommandos der Bielefelder Polizei und der polizeilichen Kampfschützenausbildung sowie weiteren Polizeiübergriffen, wie z.B. Chemical-Mace-Einsätzen, Politik zu machen und sich Gehör zu verschaffen. Die Tatsache, daß z.B. eine längere Bunte Liste-Presseerklärung sehr gut plaziert und in voller Länge in der »Neuen Westfälischen« erschienen ist, zeigt, daß die Bunte Liste nicht mehr als ein Haufen »linker Spinner« abqualifiziert wird, sondern auch bei derartigen Themen zunehmend ernster genommen wird und in einigen Fällen sogar die öffentliche Diskussion bestimmen konnte.

Alternative Politik im Spannungsfeld zwischen parlamentarischen Kompromissen und »konkreter Utopie«

Die Bereitschaft, aus bestimmten politischen Überlegungen Kompromisse einzugehen, beschreibt nur eine Seite der Politik der Bunten Liste Bielefeld. *Es gibt genügend politische Themenbereiche, in denen Kompromisse mit der herrschenden Sozialdemokratie nicht möglich sind, ohne daß die alternative Wahlbewegung ihre Glaubwürdigkeit verliert.*

Die alternative Wahlbewegung kann und darf sich nicht in parlamentarischen Kompromissen erschöpfen, sondern muß eigene Vorstellungen und Konzepte propagieren. Diese Vorstellungen und Konzepte sollten auf der kommunalen Ebene vermittelbar und potentiell umsetzbar sein, was jedoch die Ausarbeitung und Darstellung möglichst umfassender Gegenkonzeptionen nicht ausschließt, in denen unsere unversöhnliche Kritik am herrschenden System von Produktion und Reproduktion zum Ausdruck kommt. Die Ausarbeitung »konkreter Utopien« ist häufig sogar eine Voraussetzung für gute, vermittelbare Konzepte vor Ort.

Die Bunte Liste hat daher – in ständiger Fortschreibung ihres Programms – versucht, für zentrale Politikbereiche Alternativkonzepte zu entwickeln. In den vergangenen Jahren wurden ein »Alternatives Verkehrskonzept« und ein »Alternatives Energiekonzept« für Bielefeld entwickelt und als Broschüren veröffentlicht. Alternativkonzepte zu den Politikbereichen Wohnungsversorgung und kommunale Wirtschaftspolitik werden z.Zt. erarbeitetn.

Kompromisse mit der SPD auszuhandeln, darf auch nicht bedeuten, sich ihrer Sozialstaatsideologie und Staatsfixiertheit anzuschließen. Ein kleines Beispiel soll dieses verdeutlichen: wenn fünf Sozialarbeiterstellen in zwei Jugendheimen gestrichen werden sollen, wäre die Buli bereit, falls die SPD mitzieht, diese Streichung zu verhindern, weil wir uns gegen jedes Zusammenstreichen der Sozialausgaben im Interesse der Herrschenden sperren. Wir sind allerdings nicht der Meinung, daß fünf Sozialarbeiterstellen (oder auch 20 neue Sozialarbeiterstellen) die Probleme der Jugendlichen auch nur irgendwie beheben könnten. Ein Dutzend autonomer Jugendzentren würden da schon ein Stück weiterhelfen, sind aber von uns auf parlamentarischer Ebene nicht durchsetzbar. Begleitend zur Verhinderung von Sparmaßnahmen muß diese autonome Selbsthilfe der Jugendlichen gefordert werden und in außerparlamentarischen Anstrengungen angestrebt werden.

Bunte Liste: »Parlamentarischer Arm der Bürgerinitiativen« oder »eigenständige politische Organisation«?

Zwei Jahre parlamentarische Praxis der Buli Bielefeld haben gezeigt, daß die noch in der Frühphase der Wahlbewegung dominierende Modellvorstellung von alternativen Listen als »parlamentarischer Arm der Basis- und Bürgerinitiativen« viel zu abstrakt, nur beschränkt anwendbar und gegenüber den tatsächlichen politischen Anforderungen an eine Liste völlig inadäquat ist.

Ein Zusammenhang von parlamentarischem und außerparlamentarischem Raum darf nach diesem Modell legitim nur in folgender Form hergestellt werden: aufgrund subjektiver Betroffenheit formulieren Bürger »Basisinteressen« und engagieren sich für ihre Ziele in einer Bürger- oder Basisinitiative. Insofern diese Position in der Öffentlichkeit nicht genug Gehör findet bzw. sich von der BI nicht durchsetzen läßt, werden die alternativen Parlamentarier ins Spiel gebracht. Als »Sprachrohr« vertreten sie die Ziele der BI im parlamentarischen Raum und nutzen dabei die größte öffentliche Bedeutung des Parlaments (»als Tribüne«) aus.

Diese Vorstellungen haben durchaus vernünftige Ausgangspunkte, sind sie doch gegen die erfahrene und demokratische Praxis der etablierten Parteien gerichtet:
a) Die Parlamentarier sollen eng an die sozialen und politischen Interessen der Wählerschaft angebunden werden;
b) die parlamentarische Stärke gründet sich wesentlich auf die Kraft der außerparlamentarischen Bewegung.

Trotz dieser beiden erhaltenswerten Grundüberlegungen wurde für die Buli Bielefeld die ganze Abstraktheit und willkürliche Beschränkung dieses Modells offensichtlich, als sie mit der realen Situation konfrontiert wurde, in die sich die Bunte Liste nach ihrem Einzug ins Ratsparlament gestellt sah.

Die Existenz verschiedener Basis- und Bürgerinitiativen war sicherlich eine gewisse Voraussetzung für den Wahlerfolg und die weitere Arbeit der Buli, da diese BIs Teilbereiche der kommunalen Krise aufgedeckt, das allgemeine Problembewußtsein gestärkt und partielle Gegenvorstellungen entwickelt hatten. Damit war die Realitätstüchtigkeit dieses Modells aber schon am Ende. Der eigentliche politische Schub, der die Buli über die 5%-Hürde hinaustrug, ergab sich nämlich durch einen noch weitgehend diffusen Protest breiterer Bevölkerungskreise, der durch eine Vielzahl von Entscheidungen und Projekten des städtischen Filzes von etablierten Parteien, Verwaltung und lokaler Wirtschaft entstanden war.

Zwar hat die Bunte Liste den Anspruch, betroffene Bürger – als Mieter, Busbenutzer, als Opfer von Umweltzerstörung – dazu zu motivieren, ihre Interessen selbst in die Hand zu nehmen, doch aufgrund des Entwicklungsstandes des Protestes und der thematischen Gegenvorstellungen gelang dies nur in Ausnahmefällen. So war die Bunte Liste sehr schnell gezwungen zu einer Reihe wichtiger kommunalpolitischer Themen eigene Positionen zu finden und auch in gewissem Umfang »Stellvertreter«-Politik zu betreiben, indem sie sich zum Anwalt der Interessen betroffener Bürger machte. Die ideologische Reinheit wäre nur gewahrt geblieben, wenn man zu vielen wichtigen Fragestellungen keine Meinung gehabt hätte und auf fast alle politischen Initiativen verzichtet hätte.

Ein krasses Beispiel soll verdeutlichen, wie vermessen es zudem wäre, von allen Betroffenen derzeit oder in absehbarer Zukunft aktive politische Gegenwehr zu erwarten: Gerade Rentner sind von der Anhebung der Tarife für öffentliche Verkehrsmittel stark betroffen und äußern auch ihren Unmut. Kann man aber deshalb von ihnen verlangen, eine Rote-Punkt-Aktion zu organisieren oder sich auch nur massenhaft an ihr zu beteiligen?

Die Prinzipienreiterei findet auch auf den Feldern ihr natürliches Ende, auf denen alternative Listen Meinungen und Initiativen entwickeln müßten und nicht zu erwarten steht, daß sich dort eine Bürgerinitiative organisiert. Oder kann man davon ausgehen, daß etwa zum Problembereich der kommunalen Haushaltskürzungen oder der regionalen Wirtschaftsförderung die direkte Betroffenheit so groß ist, daß sie spontan in die Gründung einer Bürgerinitiative umschlägt? Diese rethorische Frage soll verdeutlichen, daß eine alternative Liste zwangsläufig mehr ist und mehr sein muß als die Addition von Einzelinteressen von verschiedenen Basis- und Bürgerinitiativen.

Sie muß zu übergreifenden politischen Fragen Position beziehen, d.h. auch eine umfassende politische Identität entwickeln, will sie nicht das Leben einer politischen Freak-Gestalt fristen, die sinnbildlich ohne Arme und Beine mit dem Auge auf den eigenen Bauchnabel schaut. Schon kurz nach dem Einzug in das Stadtparlament war die Bunte Liste vor die Frage gestellt, politische Entscheidungen zu treffen, die über eine reine Vertretung autonomer Basisinteressen hinaus gingen oder eben dieses politische Freak-Dasein zu führen.

Der Anspruch auf eine eigenständige politische Identität bedeutet jedoch nicht, daß der frühere Anspruch, parlamentarischer Arm der BIs zu sein, völlig fallengelassen wurde. Im richtigen Sinne ist er immer noch ein wesentliches Element der Politik der Bunten Liste. Im Laufe der Parlamentsarbeit zeigte sich, daß die Arbeitsfelder bereits bestehender, uns inhaltlich nahestehender Initiativen durch die Nutzung des Ratsparlaments als Forum für ihre Anliegen neu befruchtet wurden. Die Auseinandersetzung in der bürgerlichen Öffentlichkeit (Ratsparlament, bürgerliche Zeitungen) über Stadtsanierung, Wohnungsnot oder alternative Energieversorgung gaben diesen Initiativen neue Impulse und neue Relevanz, von denen die Bunte Liste im Gegenzug wieder profitierte. Auch für eher »bürgerliche« Initiativen (vornehmlich Verkehrsinitiativen), die anfangs abseits standen, wurde die Buli zunehmend attraktiv. Vor allem, nachdem sich herausstellte, daß die Buli an konkreten Ergebnissen interessiert war und von den etablierten Parteien ernst genommen wurde. Es gibt sogar einige Beispiele dafür, daß außerparlamentarische Initiativen durch die Arbeit der Buli erst angeregt wurden.

Eine am 28. März 1981 stattfindende Demonstration gegen Wohnungsnot und Polizeiwillkür mit 5000 Teilnehmern, die zu einem großen Teil von der Buli organisiert wurde, zeigte zudem, daß es auf lokaler Ebene möglich ist, fast alle bestehenden Initiativen für gemeinsame Aktionen zu gewinnen und den Protest eindrucksvoll zusammenzufassen.

Das politische Konzept muß sich den Chancen und Notwendigkeiten der politischen Praxis anpassen und nicht umgekehrt

Ungeachtet der Erfahrungen der Bunten Liste mit dem Modell des »parlamentarischen Arms« beharrt eine kleinere Strömung innerhalb der Buli im Kern ihrer Vorstellungen letztlich weiter darauf. Für diese Strömung scheint die Entwicklung der Buli Bielefeld in Richtung auf eine eigenständige politische Organisation eine Art »Sündenfall« zu sein. Obwohl sie im Vergleich zu entsprechenden Strömungen in West-Berlin, den sogenannten »authentischen ALern«, kein entscheidenden Einfluß besitzt oder gar mehrheitsfähig wäre, waren alle wesentlichen Debatten der letzten Zeit von der Auseinandersetzung mit dieser Strömung geprägt. Dabei zeigte sich, daß – mit abnehmender Tendenz – eine durchaus größere Zahl von Buli-Mitgliedern einzelnen Denkstrukturen und Mentalitäten dieser Strömung nahestand, als diese tatsächlich an Verfechtern besaß.

Das Modell des »parlamentarischen Arms« der BIs scheint für diese Strömung der Wahlbewegung deshalb so attraktiv, weil es alternative Listen geradezu dazu verdammt, keine eigenständige politische Identität, keine umfassenderen Konzepte zur gesellschaftlichen Veränderung oder eine Bündnispolitik zu entwickeln. Theoretisch wie praktisch läuft das Beharren auf diesem Modell daraufhinaus, den eigenen Wirkungskreis auf die bereits vorhandene Alternativszene zu beschränken. Der »authentische Flügel« scheint

Angst vor seiner eigenen Courage und der Dynamik der alternativen Wahlbewegung bekommen zu haben. Die Vorstellungen der Vertreter dieser Strömung in Bielefeld beinhalten letztlich nichts anderes, als die Regression in ein quasi-vorpolitisches, idyllisches Stadium der Bunten Liste. Ein Stadium, in dem man zwar die Basis- und Bürgerinitiativen – als Ausdruck vieler neuer Konflikte in der Gesellschaft – irgendwie zu einer defensiven Gegenwehr zusammenfassen wollte, die neue Qualität und die rasanten politischen Entwicklungen, die solch ein Schritt hervorbringen mußte, aber noch nicht absehbar waren. Erst durch den Schritt selbst wurde für viele Aktivisten der Wahlbewegung das gesellschaftliche Ausmaß bestimmter Konflikte und Bruchlinien und das politische Vakuum, das durch die etablierten Parteien im letzten Jahrzehnt produziert wurde, ersichtlich. Die »authentische Strömung« scheut vor diesen Chancen, die natürlich auch mit politischen Gefährdungen verbunden sind, zurück. Durch das Zurückzerren der Wahlbewegung in eine historische Phase, der sie längst entwachsen ist, will man seine politische Unschuld bewahren und eine mögliche Korrumpierung verhindern. Berechtigte Ängste schlagen bei dieser Strömung in politische Handlungsunfähigkeit um.

Das Modell des »Parlamentarischen Arms der BIs« ist heute zu einem scheintheoretischen Substrat einer »Lagermentalität« erstarrt, die in verschiedensten politischen Fragen offen zutage tritt. Eine wesentliche Konstituente dieser »Lagermentalität« ist die Ablehnung jeglichen strategisch motivierten politischen Handelns oder gar die Erstellung umfassender politischer Konzepte. Während in der Buli Bielefeld eine längst überfällige Selbstverständnis-Debatte angelaufen ist, in der die heutigen Chancen und Gefährdungen analysiert werden sollen, hüllen sich die Vertreter dieser Strömung in völliges Schweigen.

Das Desinteresse an der Vermittelbarkeit von politischen Aktionen und die Ignorierung der bürgerlichen Öffentlichkeit als Ausdruck einer »Lagermentalität«

Anhand des folgenden Beispiels soll exemplarisch dargestellt werden, wie sich die Lagermentalität der oben skizzierten Strömung auch in politischen Tagesfragen immer wieder herausschält. Das Beispiel beschreibt eine Auseinandersetzung vom Frühjahr 1981 um die Frage, wie sich die Bunte Liste als radikaldemokratische, im Rat der Stadt vertretene Wählergemeinschaft gegenüber spontaneistischer Gewaltanwendung und deren Trägern verhalten solle. Vorausgegangen waren ständige nächtliche Sachbeschädigungen (Zerstörung von Schaufensterscheiben, Reifenzerstechen bei Siemens verbunden mit Parolensprühen, z.B. »Brokdorf geht weiter«) und der Versuch einer selbst ernannten Avantgarde von Anarchospontis, eine Radikalisierung der Hausbesetzer-Bewegung in Bielefeld durch anonym organisierte militante Demos in Gang zu setzen, wobei der bereits erreichte Stand von Hausbesetzungen in Bielefeld (für die meisten Häuser waren bereits langfristige Nutzungs- und Duldungsverträge vereinbart) von diesen nicht als Stärke begriffen, sondern als Schwäche der Alternativbewegung diffamiert wurde.

Eine Presseerklärung des Fraktionsgeschäftsführers der Buli, die sich klar von einer derartigen Bauchnabelpolitik abgrenzte, hauptsächlich aber eine Verurteilung des brutalen Polizeieinsatzes gegen eine anonym organisierte 150-Teilnehmer-Demo enthielt, löste schließlich die Diskussion aus. Eine Reihe von Buli-Mitgliedern versuchten die Rücknahme dieser Presseerklärung durchzusetzen, womit sie jedoch an den Mehrheitsverhältnissen in der Buli scheiterten. Als Eckpunkte der konträren Debatte kristallisierten sich folgende Positionen heraus: Während ein Teil der Bunten Liste, zu dem sich auch die Verfasser zählen, sein Verhältnis zu militanten Aktionen davon abhängig machen wollte, in welchem Maße Militanz politisch sinnvoll sein kann oder nicht und in der Öffentlichkeit vermittelbar ist, *ging der besagten Strömung die Unterscheidungsfähigkeit oder die Unterscheidungsbereitschaft zwischen punktuell vielleicht sinnvoller und einer zum Selbstzweck verkommenen Militanz vollkommen ab. Vor allem fehlte ihnen jedes Interesse an der möglichen Resonanz solcher Aktionen in einer breiteren Öffentlichkeit.* Wichtigster Differenzpunkt war für sie die Frage, ob die Bunte Liste überhaupt in der Öffentlichkeit positiv oder negativ zu Teilen der Basisbewegung Stellung nehmen dürfe, deren »parlamentarischer Arm« sie doch schließlich nur sei.

Der zweite, abgeleitete Streitpunkt der Debatte entzündete sich an der Forderung, Auseinandersetzungen innerhalb der Basisbewegung dürften nicht aus ihr herausgezogen werden und im Forum der lokalen Presse ausgetragen werden. Dieser Streitpunkt zeigt unseres Erachtens die besagte »Lagermentalität« am deutlichsten. Sicherlich kann es interne Strategie- und Taktik-Debatten geben, die nun wahrhaftig nicht in der bürgerlichen Presse ausgetragen werden sollten. In diesem Fall verhielt es sich jedoch völlig anders, da die militanten nächtlichen Aktionen auf Öffentlichkeitswirksamkeit ausgelegt waren, die die Bunte Liste zu einer Stellungnahme zwangen, wollte sie sich nicht zu einem willenlosen Anhängsel einer solchen Politikform machen. *Zum Teil aus falschem Solidaritätsgefühl, hauptsächlich aber aus dem völligen Desinteresse an der Tatsache, daß das öffentliche Interesse an der Bunten Liste nach anderthalb Jahren Ratsarbeit weit über die »Szene«, ja sogar über die im Herbst 1979 erreichten 9000 Bunte Liste-Wähler hinausgeht, wurde von einer Reihe von Mitgliedern gefordert, den Kopf in den Sand zu stecken und die bürgerliche Presse zu scheuen wie der Teufel das Weihwasser.* Nur knapp setzte sich damals die Ansicht durch, daß die Bunte Liste bereits zu einem öffentlichen Faktor geworden ist und daß gerade Wähler und potentielle Buli-Sympathisanten, die nicht der »Szene« angehören, auch und gerade über die bürgerliche Tagespresse – wenn möglich – über die Haltung der Buli zu wichtigen Fragen informiert werden sollten.

Der Verlust der scheinbaren Homogenität

Die Diskussionen, die in den letzten Monaten innerhalb der Buli Bielefeld geführt wurden, ergaben nicht nur eine positive Auseinandersetzung mit der »Lagermentalität« einer Reihe von Buli-Mitgliedern, sondern machten auch in erschreckender Weise klar, wie wenig bisher die überwiegende Mehrheit der Mitglieder über die Situation der Buli, ihre Chancen und Gefährdungen nachgedacht hatte. *Die Unklarheit über den politischen Status der Buli hatte lange Zeit den Aufbau von organisatorischen Strukturen, wie etwa funktionsfähigen Stadtteilgruppen oder Arbeitsgruppen, behindert, da für viele Mitglieder anscheinend der Stellenwert, den eine solche Arbeit gegenüber den Impulsen, die aus bereits bestehenden Basis- und Bürgerinitiativen kamen oder kommen sollten, nicht ersichtlich war.*

Noch 1979, in der Gründungsphase der Buli Bielefeld schien alles so einfach: Die hauptsächlich aus Initiativen herkommende Mitgliedschaft war scheinbar relativ homogen, dies unter mehreren Gesichtspunkten:
– durch die Mitarbeit in Initiativen hatte man eine gleiche oder

zumindest ähnliche politische Sozialisation genossen;
- man hatte einen in Kernbereichen gemeinsamen theoretischen background, nämlich die Gegnerschaft zu einem in verschiedener Hinsicht als repressiv erfahrenen Staat (der deutsche Herbst als traumatischer Tiefpunkt): korrespondierend damit konnte man beim Wahlbürger an dessen Erfahrungen mit bürgerferner und undemokratischer kommunaler Legislative und Exekutive anknüpfen;
- die jeweils verschiedenen Sektoren der Initiativbewegung verfügten über weitgehend vereinheitlichte politische Positionen und Forderungen, verglichen mit der heutigen Konstellation.

Auf Grundlage dieser relativ homogenen Ausgangsbedingungen – die durchaus vorhandenen Streitpunkte können demgegenüber unberücksichtigt bleiben – war eine innere politische Demokratie leicht praktizierbar; bei den genannten Voraussetzungen ist auch ein 50 bis 100 Personen umfassendes Plenum als zentraler Ort von Diskussion, Entscheidung und Aktionsvorbereitung tragfähig und ausreichend.

Im Zuge der politischen Dynamik wurden jedoch die o.g. Dimensionen von Homogenität, die als Stabilitätsbedingungen wirkten, unterminiert.

Erstens geschah dies dadurch – wie bereits dargestellt –, daß sich das abstrakte Modell der Buli als Sprachrohr der BIs in der parlamentarischen Praxis als unbrauchbar erwies. Der größte Teil der Buli-Aktiven rückte von diesem Modell ab, während einige wenige inhaltlich daran festhielten. Zweitens geschah dies durch die in der politischen Praxis immer deutlicher werdende »Lagermentalität« eines kleineren Teils der Buli. Drittens bestand die Ursache der Auflösung der Homogenität in dem wirklichen Einlassen auf Kommunalpolitik. Für die Bunte Liste war praktische Kommunalpolitik und ihre theoretische Erarbeitung Neuland. Für die politische Sozialisation in der Buli hatte und hat das neue Terrain Kommunalpolitik im einzelnen folgende Auswirkungen:
- als wichtigstes ergibt sich der heilsame Effekt, daß sich bei der Auseinandersetzung um ganz konkrete Sachfragen und mit anderen sozialen Interessen und politischen Positionen die bisherigen eigenen abstrakten Vorstellungen als politisch nicht realitätstüchtig erweisen, es sei denn, man will im Scene-Ghetto verharren.
- Die Aneignung der bisher fremden Materie – denkwürdiger-

weise finden sich im gewiß nicht schlechten Programm der Buli vom September 79 nur ein paar versprengte Bemerkungen zum Komplex Wohnen – erfolgt nicht in einer Weise, die möglichst breite Teile der Mitgliedschaft einbezieht.
— Im Beschreiten des politischen Neulands ist eine systematische Ungleichzeitigkeit zwischen grundlegender Analyse und tagtäglichen Handlungsnotwendigkeiten wirksam, die sich im übrigen auch personell ausdrückt.

Alles in allem haben wir es mit einem Zustand zu tun, in dem einerseits der bisherige Fundus politischer Gemeinsamkeiten sich im wesentlichen als nicht mehr praxisrelevant erwiesen hat und zum andern noch kein neuer handlungsleitender Konsens erarbeitet ist.

Für diesen unbefriedigenden Zustand ist auch ein inhaltlicher Aspekt unmittelbar verantwortlich, obwohl er in seiner Relevanz gegenüber dem bisher genannten Faktor deutlich nachgeordnet ist: in der Anfangsphase und bei der Erstkandidatur reichte es scheinbar aus, mit einem hauptsächlich negativ bestimmten Programm (Gegen AKWs, gegen Filz, gegen Sanierung, gegen Repression) anzutreten. In solcher Ablehnung findet sich eher ein einigendes Band als in – größtenteils noch zu entwickelnden, in Ansätzen bereits strittigen – positiven Programmpunkten. Wobei einschränkend festzuhalten ist, daß gegenüber der äußerst buntscheckigen und auch gegensätzlichen nationalen Diskussion in der alternativen Wahlbewegung die theoretische Spannbreite in der Buli Bielefeld wesentlich enger gefaßt ist.

Auswirkungen der Identitätskrise auf den organisatorischen Zustand

Der Verlust der Homogenität und die inhaltliche Krise – sei es wegen des politischen Status, sei es wegen des Einstiegs in die Kommunalpolitik – spiegelten sich überdeutlich in den internen Strukturen und Prozessen der Buli Bielefeld wider.

a) Das bisherige Zentrum der Organisation, das in 14tägigem Abstand tagende Plenum, verlor hauptsächlich durch den Terrain-Wechsel die inhaltliche Initiative und Kontrolle, es konnte zweitens nicht die inhaltlichen Prozesse politischer Differenzierung (s.o. Stichwort Politikverständnis) transparent machen und den Mitgliedern keine greifbare politische Aufgabenstellung anbieten, so daß es schließlich in starkem Maße nurmehr als negative Kontrollinstanz oder Korrektiv fungierte und sich in Personalentscheidungen flüchtete.

b) Die thematischen AGs konnten zum einen den kommunalpolitischen Schwenk nur mit erheblichen Friktionen verarbeiten: entweder fanden sie einen kommunalpolitischen Ansatzpunkt, verloren dadurch aber Mitarbeiter mit anderer Interessenlage, oder sie suchten ihn krampfhaft, aber vergeblich; oder durch die Konzentration auf Kommunalpolitik ergab sich eine überzogene Abwendung von wichtigen allgemeinpolitischen Gegenständen. Zum andern war ihre politische Funktion ungeklärt: aufgrund der Voraussetzungen wurden oft kommunale Analysen und Eigenqualifizierung nachgeholt; die Zuarbeit zur Ratsfraktion war teils als Aufgabe nicht bewußt; die Mitarbeit als Buli in außerparlamentarischen Ansätzen wurde teils versäumt, weil die politischen Chancen nicht erkannt wurden, teils traute man sich nicht zu, dort für die Buli zu sprechen.

c) Indem nur noch wenigen Mitgliedern die spezifische politische Funktion der Buli klar vor Augen stand, nahm sowohl die Beteiligung am inneren Leben als auch das Engagement für die öffentliche Präsenz der Buli deutlich ab.

d) In der skizzierten Konstellation schälte sich ein relativ kleiner Kreis von Aktiven heraus, der die Handlungszwänge – wie sie v.a. auf die Ratsfraktion zukamen – aufnahm, der trotz des partiellen Fehlens kollektiver Diskussionsergebnisse in das tagespolitische Geschehen eingriff und auch eigene Initiativen der Buli entwickelte. Gleichzeitig kamen von den nicht unter Zugzwang gestellten oder weniger erfahrenen Mitgliedern kaum neue Impulse, so daß die »Macher« stärkeren Einfluß auf die realen Entscheidungsprozesse gewannen, während andere Mitglieder sich durch das Gefühl der Überforderung an den Rand gestellt sahen oder gar den Eindruck hatten, überfahren zu werden.

Die negativen Tendenzen sind sicherlich an vielen Punkten überzeichnet, was aber der Bewältigung der Probleme, die andernorts sich in ähnlicher Form stellen (werden), nur dienlich sein kann. Zudem hat sich in den letzten Monaten einiges zum Positiven hin verändert: viele Mitglieder sind sich der Problemlage und der spezifischen Aufgabenstellung der Buli bewußt geworden, die inhaltliche Arbeit ist auf eine breitere Grundlage gestellt worden, die AGs bekommen mehr und mehr eine fest umrissene und praxisbezogene Zielorientierung etc.

Der wichtigste Hebel, um einen politischen Aufschwung durchzusetzen, ist die in Angriff genommene Gründung von Stadtteilgruppen. Diese können durch ihren unmittelbaren Bezug auf soziale Probleme und Interessen vor Ort eine bürgernahe Politik vorantreiben und dabei eine Erweiterung der stark von Intellektuellen geprägten Sozialstruktur der Buli bewirken. Voraussetzung hierfür ist, daß die Stadtteilgruppen sich in ihrer Arbeit auf überschaubare und handgreifliche Aktivitäten konzentrieren (im Unterschied zu dem bisher intellektuell dominierten Arbeitsstil); umgekehrt wird auch die soziale Öffnung die Wandlung des Arbeitsstils befördern. Perspektivisch sollen sich die Stadtteilgruppen zu einem tragenden Unterbau des Plenums entwickeln.

*Heinz Czymek**

Bottrop – Eine »rote Alternative« mit Zugkraft

Die Krise der Stadt als Herausforderung!

Das Leben der Stadt mit seiner ganzen Vielfalt von Problemen ist ohne Zweifel ein wesentlicher Maßstab für die Entwicklung eines Landes. Seit dem Mittelalter hat vor allem die Stadt das Tempo des wirtschaftlichen, politischen und kulturellen Wandels und der gesellschaftlichen Aufbrüche geprägt. Aufblühende Städte waren in verschiedenen historischen Epochen jeweils Ausdruck einer sich schnell entwickelnden Technik, Wirtschaft und Kultur, also Symbol für die Vitalität einer Gesellschaft. Das Verblühen der Städte war dann auch Symbol für den Niedergang einer Gesellschaft.

In unserer Zeit macht die Krise der Stadt Schlagzeilen. Schon 1971 appellierte der Deutsche Städtetag: »Rettet unsere Städte jetzt!« Aber die spätkapitalistische Gesellschaft hat keine Therapie zur Überwindung dieser Krise. Verständnisvolle Sonntagsreden oder Schönheitspflästerchen in Form von Konjunkturprogrammen können diesen Mangel nicht überspielen. Die Herrschenden vertrauen weiter auf die »Selbstheilungskräfte der Wirtschaft«. Kein Wunder, die Lage unserer Städte in den 80er Jahren ist von wachsenden Konflikten gekennzeichnet: Die Arbeitsplätze werden weniger. Die Wohnungsnot wird größer. Die Wohnumwelt ist von Industrieimmissionen verseucht. Das Bildungs- und Ausbildungsangebot reicht nicht. Das Defizit an Erholungs-, Freizeit- und Sportangeboten ist chronisch. Kommunikationsmöglichkeiten für junge und ältere Bürger sind Mangelware. Kurz: Aus Stadtentwicklung für den Bürger ist die Stadt als Dienstlei-

---

* H. Czymek ist Mitglied der Deutschen Kommunistischen Partei (DKP) in Bottrop.

stungsbetrieb für die große Industrie, ist die Zerstörung der Stadt als Lebens- und Wohnraum geworden. Die Gesetze des »großen Geldes« diktieren das Tempo dieser Zerstörung. So bewahrheitet sich das Dichterwort, wonach Reichtum Plage werden kann.

Die Krise der Stadt rechtfertigt den Ruf nach einer alternativen Politik. Von dort geht auch der Ruf nach einer alternativen Politik aus. Die neuen sozialen Bewegungen dieser Zeit bringen frischen Wind in die politische Szene. Wie sieht es jedoch aus mit Alternativen, die ein ernstzunehmendes Handlungskonzept für den Weg aus der Krise sind? Ist alternative Politik nur in »grünen« oder »bunten« Farben denkbar? Sollte alternative Politik nicht auch in den historischen Zusammenhang gestellt werden, in den er eigentlich gehört: in die vom Grundsatz her alternative, emanzipatorische Bewegung der Arbeiter?

Die Bemühungen um eine solche alternative Politik sind zwar alt, ihre Ideen aber unverändert neu. Das gilt auch für die alternative Politik, die die Ratsfraktion der DKP in Bottrop zum Nutzen der Bürger ihrer Stadt macht. Von ihr soll hier die Rede sein. Sie steht hier als Beispiel für eine »rote Alternative«, die es schon in vielen Städten unseres Landes gibt.

Zuvor jedoch ein paar Stichworte über die Stadt von der die Rede ist: Bottrop ist eine mit dem Bergbau entstandene typische Arbeiterstadt am Nordrand des Ruhrgebietes. Sie hat 117 000 Einwohner, einen Arbeiterteil von ca. 55%, einen Auspendlerüberschuß von ca. 10 000. Der Mangel an Arbeitsplätzen ist vor allem die Folge der Zechenstillegungen und der Beseitigung von 14 000 Arbeitsplätzen im Bergbau. Die Stadt wird seit 1945 fast durchweg von der SPD regiert. Diese verfügt seit mehreren Wahlperioden über die absolute Mehrheit im Rat. Der »Schönheitsfehler« dieses Rates ist die DKP-Fraktion.

Sie hat heute fünf von 59 Mandaten im Rat inne, weiter gehören ihm 31 SPD-Mitglieder und 23 von der CDU an. In dieser Stadt wirkt die DKP-Fraktion nicht nur als Opposition, unsere Tätigkeit scheint uns exemplarisch für Chancen und Grenzen, die einer alternativen Politik gezogen sind.

Das Wählerspektrum der DKP

In einer Arbeiterstadt wie Bottrop gibt es zwangsläufig andere Zielgruppen für eine alternative Politik, als in Städten mit anderer Sozialstruktur. Sicherlich weichen die Probleme dieser Stadt auch erheblich von denen in Universitätsstädten ab. In Bottrup gibt es auch heute bestenfalls Ansätze für eine alternative Kultur. Eine »Szene« hat noch nicht Fuß gefaßt.

So war es nur folgerichtig – und das entsprach auch dem Selbstverständnis der DKP als Arbeiterpartei – eine alternative.Politik im Interesse der Arbeiterbewegung zu artikulieren. Es gab hier bis 1975 noch keine nennenswerte Protest- oder Bürgerinitiativbewegung, die einen parlamentarischen Arm brauchte. Bottrop, in dessen Stadtbezirken zum Teil bis zu 70 v.H. der beschäftigten Arbeiter sind, stellte die DKP vielmehr vor das Problem, die herrschende Stadtpolitik mit den Bedürfnissen dieser Arbeiter zu konfrontieren und sie für die Wahl einer Alternative zu gewinnen.

Über den Realitätssinn dieser Aufgabenstellung hat der Wähler 1975 entschieden. Gut 9 v.H. der Stimmen wurden für die »rote Alternative« in die Wahlurne geworfen. Dieses Votum hat seinerzeit Aufsehen erregt. Die Manipulateure der öffentlichen Meinung vermuteten immer wieder »besondere Voraussetzungen« in Bottrop als Ursache dieser Wahlaussage. Sie bleiben den Beweis schuldig. Sie konnten nicht anerkennen, was nicht anerkannt werden durfte, nämlich die einfache Tatsache, daß nennenswerte Teile der arbeitenden Bevölkerung von der herrschenden Politik enttäuscht und auch bereit waren, alternativ zu wählen. Aus diesen teilweise sehr scharfen kommunalpolitischen Auseinandersetzungen ging die DKP als eine wählbare Alternative hervor.

In welchem Maß es der DKP in Bottrop gelungen war, ganz neue Wählerschichten für eine alternative Politik zu gewinnen, das verdeutlicht die Veränderung der Wählerstruktur in der 75er Wahl gegenüber der Wahl von 1969. Wie oben erwähnt, hatte die DKP bereits vor 1975 zwei Mandate inne, die einem gewissen kommunistischen Wählerstamm bei der Wahl 1969 zu verdanken waren. Dieser war zum erheblichen Teil auf das langjährige anerkannte Wirken kommunistischer Betriebsräte zurückzuführen.

So gehört z.B. unser Genosse Clemens Kraienhorst schon seit 1948 dem Rat der Stadt an. Er verkörpert gewissermaßen das Qualitätssiegel für eine langjährige konsequente Vertretung von

Arbeiterinteressen von Kommunisten.

Während 1969 jedoch der DKP Stimmenanteil lediglich bei den Männern über 30 Jahre bei 6,5 v.H. lag, bei den jüngeren auf 4,7 v.H. und bei den Frauen gar unter 2 v.H. sank, offenbarte die Wahl 1975 eine völlig veränderte Altersstruktur:

Bei den Männern unter 25 Jahren sicherte sie sich gute 20 v.H., bei denen bis 35 Jahre immerhin noch runde 15 v.H. und bei den älteren Männern über 10 v.H. Auch bei den Frauen war das Ergebnis verblüffend. Der DKP-Anteil lag hier im Durchschnitt bei 7,4 v.H., bei der Gruppe bis 25 Jahre sogar bei 14 v.H. In den Stadtbezirken, in denen die DKP-Aktivität am höchsten war, verbesserten sich die Ergebnisse entsprechend. In einigen Wahllokalen lag der DKP-Stimmenanteil über dem der CDU.

Diese Fakten muß der Leser kennen, weil ohne sie ein Teil der nachfolgenden Darlegungen für ihn Behauptungen bleiben.

Das Bottroper Wählerspektrum der »roten Alternative« besteht also vor allem aus Arbeitern, arbeitenden Frauen und Jungwählern. Daraus läßt sich nicht nur für Bottrop – und das ist Hauptanliegen der DKP – mit einiger Berechtigung der Schluß ziehen, daß die Arbeiterklasse nach wie vor Hauptadressat für eine alternative Politik ist.

Wenn sich das noch zu selten in Wahlergebnissen niederschlägt, dann liegt das einmal an dem landesüblich irrationalen Antikommunismus und letztlich auch an der mangelnden Kraft und Überzeugungsunfähigkeit der DKP selbst.

Das Erfolgs-»Rezept«

Auf welche Weise ist der Erfolg in Bottrop zustande gekommen? Was waren die besonderen Merkmale unserer Tätigkeit?

1. Die DKP hat die Probleme des Rates transparent gemacht. Sie hat den Widerspruch zwischen Wahlversprechen und der politischen Alltagspraxis in die Öffentlichkeit gebracht. Sie hat – wo nötig – Skandale enthüllt und öffentlichen Widerstand entwickelt.
2. Die DKP hat das Problembewußtsein in Sachen Wohnen, Mieten, Wohnumwelt, Kinder-, Schul- und Jugendfragen genutzt und mit außerparlamentarischen Aktionen sich als erfolgreiche alternative Kraft erwiesen. Sie hat in diesen Aktionen konkrete

Bedürfnisse der Arbeiter aufgegriffen. Sie hat damit in gewisser Weise ein Vakuum ausgefüllt, das die SPD entstehen ließ, indem sie mehr und mehr Arbeiterinteressen vernachlässigte.
3. Die DKP hat die Tribüne des Rates immer genutzt, die unterschiedlichen Interessen in der Stadtpolitik herauszustellen, um dadurch die Entwicklung von außerparlamentarischen Aktionen zu fördern oder voranzutreiben.
4. Ein wesentlicher Grund für die Zustimmung in den Arbeitergebieten lag sicher in den Formen und Methoden der Aktionstätigkeit, mit denen wir in der Stadt Zeichen für vernünftige Alternativen setzten. So führten wir z.B. eine »Nachmittagsschule« für 300 Kinder über mehrere Jahre durch, um mit einer Art Schulaufgabenhilfe Mißstände in der Schule zu bekämpfen. Das bewirkte langfristig einen raschen Abbau des Lehrermangels an den Schulen der Stadt. Ideenreiche Kinderfeste, die in allen Stadtteilen durchgeführt wurden, erfreuten sich großer Beliebtheit und galten als Anregung für fehlende städtische Maßnahmen. Die Mieterversammlungen waren für die Bürger konkrete Formen von Lebenshilfe und auch die wöchentlichen Sprechstunden der Fraktion waren und sind Ausdruck unserer Bürgernähe.
5. Wir haben in dieser konkreten politischen Arbeit zugleich die Rolle von SPD und CDU in der Stadtpolitik deutlich gemacht und attackiert. Beide Parteien betreiben von ihren Führungen her – von Nuancen abgesehen – entweder die Umsetzung der vom Bund und Land vorgegebenen Ziele oder binden ihre Initiativen vorrangig an die Wünsche des großen Geldes und ordnen die Bürgerinteressen z.B. den Belangen der Wirtschaftsförderung unter.
6. Wesentliche Ursache des DKP-Erfolges war nicht zuletzt die gutorganisierte, langfristige und planmäßige Arbeit der ganzen Partei. Sie war vornehmlich auf die Arbeiterbezirke konzentriert und hat damit – trotz relativ geringer Mitgliederzahlen – eine hohe Effektivität erzielt. Ohne diese von hohem politischen Bewußtsein erfüllte disziplinierte Parteiarbeit wäre dieser Wahlerfolg nicht denkbar gewesen.

Alternative Wahlerfolge entstehen in Anbetracht der Bewußtseinslage der Arbeiter nicht spontan. Sie setzen zielstrebige, beharrliche Überzeugungsarbeit voraus, die nicht nur die objektiven, wirtschaftlichen und sozialen Abhängigkeiten der Arbeiter richtig einschätzt, sondern auch die emotionale Seite der Arbeiterbedürfnisse mit den Bedürfnissen der herrschenden Schichten konfrontiert. Gerade diese Fähigkeit, die Arbeiterinteressen zu problematisieren und zu artikulieren, gehört zu den starken Seiten der DKP-Arbeit.

Ein gutes Beispiel für wirksame Vertretung von Arbeiterinteressen waren unsere Initiativen gegen die Mietpolitik der Ruhrkohle AG (RAG). Sie und die Altgesellschaften des Bergbaus verfügen über die Mehrzahl der Mietwohnungen in Bottrop. In den Jahren 1973/75 versuchten diese im Widerspruch zum geltenden Mietrecht Mieterhöhungen einzutreiben.

Dagegen entwickelte die DKP-Fraktion eine große Aufklärungs- und Hilfskampagne. Es gab viele Versammlungen, Unterschriftensammlungen und wir organisierten ebenfalls Rechtsbeistand. Wir hatten uns dabei auch mit der IG Bergbau und Energie und den anderen Parteien auseinanderzusetzen, die nicht immer an der Seite der Mieter standen. Es gelang uns schließlich, die Mieterhöhungen zeitlich hinauszuschieben und den Mietern Einsparungen in Millionenhöhe zu verschaffen. (Die RAG setzte später eine Änderung des Mietrechts mit Hilfe eines Bundesverfassungsgerichtsurteils durch.)

Der Lernprozeß

Die bisherige Darstellung könnte den Eindruck vermitteln, als sei dieser Prozeß der politischen Vertrauensbildung für eine »rote Alternative« wie selbstverständlich und konfliktlos verlaufen. Vieles erzählt sich eben einfacher als es zu machen ist. Ein unersätzliches Regulativ für unsere Tätigkeit war die offene, kritische Diskussion, eine Diskussion, die nicht nur zwischen der Fraktion, der Parteileitung und den Parteigruppen geführt wurde. Für uns ist auch das ständige Gespräch mit Arbeitern, Andersdenkenden, kritischen Freunden und Gegnern selbstverständlich. Wir hören zu, nehmen Anregungen auf, fragen ob unsere Vorschläge Zustimmung finden, beraten mit Betroffenen, was für sie getan werden kann.

Dieser sehr breite aus vielen Kanälen gespeiste Prozeß demokratischer Willensbildung hat unsere Fraktion befähigt, in den inhaltlichen Fragen der Interessenvertretung zumeist überzeugende

Konzeptionen anbieten zu können.

Gestützt auf diese breite Meinungsbildung haben wir in den letzten Jahren präzise Vorschläge zur Überwindung der Jugendarbeitslosigkeit in der Stadt, für eine fortschrittliche Schulentwicklung, für eine bessere Jugend- und Freizeitpolitik gemacht und ein städtisches Konzept für »soziales Wohnen« gefordert. Mit diesen Aussagen haben wir nicht nur bei unseren Wählern, sondern auch bei anderen Gruppen viel Zustimmung gefunden.

Eine wichtige Frage, vor der wir in jedem Jahr erneut stehen, sind unsere Alternativen zum Haushaltsplan der Stadt. Diese Haushaltspläne sind ja bekanntlich in Zahlen gekleidete politische Programme. Deshalb versuchen wir unsere Alternative in Form von Umschichtungen, zum Beispiel aus dem Straßenbaubereich in die Jugendhilfe oder von der Wirtschaftsförderung ins Schulwesen, anschaulich zu machen. Daraus ergibt sich dann ein Bündel von 80 bis 100 Abänderungsanträgen, mit denen wir der Öffentlichkeit vor Augen führen, daß selbst im Rahmen des vorhandenen, für uns unzulänglichen Etatvolumens, wesentliche Verbesserungen zugunsten der einfachen Bürger möglich wären. Und schließlich versäumen wir es auch nicht, gestützt auf die Benachteiligung der Gemeinden durch die staatliche Finanzverteilung, gerade dort eine grundlegende Neuverteilung zu fordern. Wir halten eine »freiwillige« Selbstbeschränkung der kommunalen Etats, wie sie derzeit bei den etablierten Parteien in Mode gekommen ist, für ausgesprochen arbeiterfeindlich. Wenn wir eine Umverteilung der staatlichen Ausgabenpolitik fordern, dann verbinden wir das mit dem Ziel einer neuen Qualität des Wachstums. Denn wir brauchen weitere Zuwachsraten bei der Bildung, im Sozialwesen, im Wohnungsbau und an anderen Stellen. Das ist zu finanzieren, wenn ein Minuswachstum bei den staatlichen Rüstungsausgaben, bei den Unternehmersubventionen, bei den Steuergeschenken u.v.m. erfolgt.

Mit diesen und anderen alternativen Vorstellungen prägen wir maßgeblich die inhaltliche Diskussion der Stadtpolitik und liefern damit auch Argumente, die die Berechtigung vieler einzelner Bürgerforderungen unterstreichen.

Wir machen aber zugleich anschaulich, daß alternative Stadtpolitik über den Rathausturm hinaus gerichtet sein sollte und einen Kurswandel der Landes- und Bundespolitik anzustreben hat.

Es gibt auch Schwächen

Mit dem Einzug unserer Fraktion in das Rathaus haben unsere Wähler hohe Erwartungen verbunden. Sicher haben wir diese nicht immer erfüllen können. Viele unserer Forderungen sind im Rat niedergestimmt worden. Aber wir haben auch nie einen Hehl daraus gemacht, daß fünf Vertreter einer alternativen Politik allein keine Wunder bewirken können. Wir haben die Betroffenen zu Rats- oder Ausschußsitzungen eingeladen. Dort können sie erleben, wie CDU- oder SPD-Ratsmitglieder mit ihren Forderungen umgehen.

Das hat in der Regel die außerparlamentarische Aktivität belebt. Mit dieser Hilfe lassen sich dann nicht selten die Mehrheiten ändern.

Unsere Schwäche, darüber will ich offen reden, liegt zumeist darin, daß unsere Parteiorganisation nicht groß genug ist, einen »ständigen Draht« zu allen außerparlamentarischen Bewegungen zu unterhalten. Das gilt einerseits für die große Zahl der Betriebsräte in unserer Stadt, die sich mit vielen Fragen herumzuärgern haben. Das gilt aber auch für viele junge und neue Bewegungen, deren bunte Erscheinungsweise uns manchmal den Blick für die Ernsthaftigkeit ihrer Anliegen erschwert. Es ist für uns aber auch nicht leicht, die notwendigen Kontakte zur gewerkschaftlichen und kirchlichen Jugend, zu Sport- und Jugendgruppen oder zu spontanen Gruppierungen so zu gestalten, wie es wünschenswert wäre. Deshalb werben wir um neue Mitglieder, um über diesen Weg diese Verbindungen auszubauen. Ohne Zweifel stellen uns die neuen Formen und Methoden dieser Bewegungen auch manchmal vor ungelöste Fragen. Dann suchen wir das offene Gespräch. Das klärt vieles. Dieses Gespräch ist für uns kein »Schönwetter« machen. Natürlich begründen wir unseren Widerspruch, wenn von Umweltschützern die Theorie des »Nullwachstums« propagiert wird. Wir widersprechen, wenn die friedliche Nutzung der Kernkraft oder der Bau von Kohlekraftwerken rundum abgelehnt werden. Mit diesen ehrlichen Gesprächen tun wir jedoch der Partnerschaft in den Aktionen keinen Abbruch. Im Gegenteil, wir lernen gegenseitig voneinander, die unterschiedlichen Standpunkte besser zu verstehen.

Das Kapitel SPD

Das schwierigste Kapitel unseres Verhältnisses zu anderen politischen Kräften ist das zur SPD. Wir haben unsere Position im Rat natürlich erst mit der Begründung erkämpft, daß diese SPD keine konsequente Interessenvertreterin der Arbeiter ist. Sie ist auch in Bottrop viel zu oft den Sirenenklängen der CDU gefolgt und in manchen Phasen lieber mit ihr ins Lotterbett einer defacto-Koalition geschlichen, als energisch deren reaktionäre Politik zu bekämpfen. Das hat Frontstellungen geschaffen. Die SPD-Fraktion benötigte lange Zeit, um das Zusammenleben mit uns als »normal« zu begreifen. Es gibt manche Signale dafür, daß Sozialdemokraten unsere kritisch konstruktive Arbeit im Rat jetzt als Hilfe gegen rechte Vorstöße von SPD-Verantwortlichen begrüßen. Es gibt in verschiedenen sachlichen Fragen, so z.B. im Kampf um eine Gesamtschule in Bottrop, auch offizielles Zusammengehen gegen die CDU. Wir unsererseits bemühen uns ständig um ein kritisch-konstruktives Verhältnis zur SPD, weil ohne die Zusammenarbeit mit der Partei, die die Mehrheit der Arbeiterwähler in dieser Stadt repräsentiert, keine Veränderungen durchzusetzen sind. Wir übersehen auch nicht, daß es in der SPD nicht wenige Genossen gibt, die als Sozialisten denken und handeln und die trotz aller Meinungsverschiedenheiten wie wir für die Ablösung dieser kapitalistischen Gesellschaft kämpfen. Aber dieses langfristige Bemühen um Aktionseinheit hängt im gewissen Maße auch von der ständigen Stärkung unserer Parteibasis und unseres Einflusses in der Stadt ab. Wir machen die Erfahrung, daß die Chancen für eine Zusammenarbeit mit Sozialdemokraten dann wachsen, wenn unsere Genossen Vertrauen in Bürgerinitiativen, in Gewerkschaften und Betriebsräten besitzen, wenn unsere Partei mehr Wählerstimmen erhält. Zusammenarbeit mit der SPD setzt auch Auseinandersetzung über den politischen Kurs und den Einsatz der Mittel voraus, die im Interesse der Arbeiter notwendig sind. Wir bemühen uns jedenfalls, unseren Beitrag zur einheitlichen Aktion aller Parteien und Gruppen, die die Arbeiterbewegung unseres Landes verkörpern, nicht aus dem Auge zu verlieren.

Die Misere der etablierten Politik

Die Chancen und Grenzen unseres Versuchs, alternative Stadtpolitik zu betreiben, sind uns nicht lange verborgen geblieben.

Sie sind im wesentlichen dadurch gekennzeichnet, daß massiver Druck »von unten« Teilerfolge möglich macht und die Anhäufung ungelöster Probleme am Ort die Verstärkung dieses Druckes ermöglicht. Andererseits hat das vorhandene System einen Funktionsmechanismus, der die Verwirklichung grundsätzlicher kommunaler Alternativen ohne eine Veränderung des Systemrahmens wirksam blockiert.

Das bezieht sich insbesondere auf zwei Fragen, die ich als die kardinalen Systemschwächen der Kommunen betrachte. Das ist einmal der ganze Komplex der Subventionen an die private Wirtschaft oder die sogenannte Wirtschaftsförderung, zum anderen die Steuer- und Finanzpolitik, wodurch die Gemeinden wie Gefangene behandelt werden. Da gibt es keine Flucht in die Freiheit.

Der frühere Präsident des Deutschen Städtetages, der SPD-Politiker Hans-Jochen Vogel, sprach schon vor zehn Jahren davon, daß wesentliche Probleme der Stadtentwicklung in der Bundesrepublik ihre Ursachen im gesellschaftlichen System haben. Er nannte dabei u.a. die Förderung der Motorisierung mit allen Mitteln, die zum Straßenbau und zur Vergiftung der Luft führe. Die Bodenspekulation, der unser System fast unbegrenzten Vorschub leiste. Die Neigung, jede private Investition für produktiv und jede öffentliche für unproduktiv zu halten. Vogel stellte damals fest: Dieses System bewirke, »daß über die Nutzung eines Grundstückes letzten Endes nicht das Gemeinwohl, sondern die Höhe des Profits entscheidet«.[1] Vogels Appell, man dürfe diese »Auswüchse des Systems« nicht länger dulden, hat nicht gefruchtet. Tatsächlich ist hier die Profitmaximierung nicht allein »Auswüchse des Systems«, sondern das innere Gesetz, das die wesentlichen Impulse für das Agieren in Wirtschaft und Staat gibt. Das ist auch der Grund, warum in Dortmund ein Konzern unverhohlen die Absicht verkündet, 10 000 Arbeitsplätze zu beseitigen.

Wie anders wäre die Krise in der Wohnungsfrage zu erklären? Die Welle der Hausbesetzungen in den Städten offenbart, daß die Wohnungsfrage nicht mit den Spielregeln des »freien Marktes« zu bewältigen ist. Sie signalisiert den Widerspruch zwischen der herrschenden Wohnungspolitik und dem Bedürfnis nach menschenwürdigen und finanziell tragbaren Wohnungen. Die Aktionslosung »Instandbesetzen ist besser als Kaputtbesitzen!« charakterisiert diesen Zustand treffend. Wie anders ist zu erklären, daß viele Stichworte aus dem Bereich der Reproduktion, die weniger Profit verheißen, kennzeichnend sind für die Krise der Stadt wie: »Wohnen«, »Umwelt«, »Bildung«, »Gesundheit« oder »Freizeit« und »Kultur«. Diese Probleme sind jedoch nicht allein Folgen finanzieller Engpässe. Die Investitionsströme fließen in anderer Richtung. Der Staat macht in seiner Gesetzgebung die Gewinnmaximierung zum Fetisch. Davon zeugen u.a. das sogeannnte Stabilitätsgesetz von 1967, die Konjunkturprogramme der verschiedenen Bundesregierungen, die staatliche Finanz- und Steuerpolitik. Es war geradezu typisch, daß eine arme Stadt wie Bottrop schon vor 25 Jahren eine Summe von sechs Millionen, die für den Bau einer kulturellen Einrichtung angespart worden war, für die Erschließung einer Gewerbefläche bereitstellen mußte. In welchem Maß die direkte Einflußnahme des »großen Geldes« die Probleme weiter zuspitzt, davon zeugen die Forderungen des Dr. Wilfried Guth, des Vorstandssprechers der Deutschen Bank, wonach die Haushaltspolitik des Bundes »mit dem Ziel einer Neuorientierung, bei der es keine Tabus geben dürfte«, betrieben werden müsse. Er fordert für die 80er Jahre Maßhalten beim Konsum, damit für den Investitionsbedarf der Energiewirtschaft bis zum Ende der 80er Jahre eine Summe von rund 300 Milliarden DM zur Verfügung stehen könne.[2]

Wir haben festzustellen: die aktuelle Debatte um den Bundeshaushalt für 1982, das von der sozial-liberalen Koalition in Aussicht gestellte soziale Schrumpfkonzept, dieses Konzept der Abkehr von sozialen und demokratischen Reformen, das der CDU-Opposition aber noch nicht schrecklich genug ist, liegt ganz auf der Linie der Erwartungen der Guth & Co.

Wachstum – wofür?

Der Widerspruch in der Stadtentwicklung der 80er Jahre besteht also darin, daß die geringer werdenden materiellen Zuwächse eher für die Verbesserung der Verwertungsbedingungen des Kapitals, einschließlich der Rüstung, als zur Befriedigung notwendiger gesellschaftlicher Bedürfnisse bereitgestellt werden. Es geht dabei nicht etwa um »überhöhte Ansprüche«, »übertriebenes Wohlstandsdenken« oder undifferenziertes Wachstum.

Es geht vielmehr um die Bedingungen der Reproduktion, die den Bedingungen der gesellschaftlichen Produktion der 80er Jahre entsprechen müssen. Das erfordert ein Sozialwesen, das den neuen Erfordernissen aus der körperlichen und geistigen Arbeit ebenso Rechnung trägt, wie den Bedürfnissen nach allseitiger Persönlichkeitsentwicklung. Dazu gehört ein umfassendes System von Erholungs- und Freizeitmöglichkeiten sowie die Chance der gesellschaftlichen Betätigung für jedermann. Dazu gehört nicht zuletzt auch eine vernünftige und sinnvolle Entwicklung des Stoffwechsels zwischen Mensch und Natur, die Entwicklung eines Gesundheitswesens, das Prophylaxe an die erste Stelle setzt, der Ausbau des Schul- und Bildungswesens als Voraussetzung für die allseitige Persönlichkeitsentfaltung, eine neue inhaltliche Gestaltung der Kommunal- und Regionalplanung, um die Probleme der Umweltregeneration zu bewältigen und vieles mehr.

Ein Teil dieser Probleme wird auch von den Fachleuten erkannt. So hat das Deutsche Institut für Urbanistik gemeinsam mit dem Städtetag im Jahre 1980 eine Prognose über den kommunalen Investitionsbedarf bis 1990 vorgelegt. Diese Untersuchung betont, daß die »Kommunen künftig schwierigen Anforderungen entsprechen müssen, um den differenzierten Bedarfen gerecht zu werden«. Sie beziffert den realen Investitionsbedarf der Kommunen im Zeitraum von 1976 bis 1990 auf 820 Milliarden DM, das sind rund 55 Milliarden DM jährlich. Unter Berücksichtigung der Inflationsrate steigt diese Summe auf einen Jahresdurchschnitt von 73 Milliarden.[3] Diese Aussage läßt erkennen, daß unsere Städte zur Zeit nicht einmal über die Hälfte der notwendigen Mittel verfügen, um ihre drängendsten Aufgaben zu finanzieren. Damit sind die neuen Konflikte in der Stadtpolitik schon vorprogrammiert.

In der Sackgasse!

Jede Forderung nach einer Investition im Schul- oder Sportbereich, im Gesundheits- oder Kulturwesen wird von der Stadtverwaltung zunächst unter dem Gesichtspunkt bewertet, in welchem Ausmaß dafür Zuschüsse des Bundes oder Landes zur Verfügung stehen und welche laufenden »Folgekosten« diese Maßnahme verursacht. Aus dem früheren »goldenen Zügel« der staatlichen Finanzregulierung ist mittlerweile die eiserne Kette der Reglementierung geworden. Die Städte haben ihre Probleme zeitweise dadurch verdeckt, indem sie mit Schulden notwendige Maßnahmen verwirklichten. Daher stieg ihre Schuldenlast von 14 Milliarden DM im Jahre 1960 auf über 96 Milliarden DM in 1980.[4] Trotz dieser alarmierenden Tendenzen hat der Bund seit 1975 Steueränderungsgesetze beschlossen, die den Gemeinden bis 1981 rund 40 Milliarden DM an Steuereinnahmen gekostet haben. Die kommunale Finanzstruktur verschlechtert sich seit Jahren. Während 1961 die kommunalen Steuern noch 39,1 v.H. aller Einnahmen der Städte darstellten, verminderte sich dieser Anteil 1977 auf 35,4 v.H., er wird im Jahre 1981 auf 32,5 v.H. fallen. Im gleichen Zeitraum mußten die Städte ihre Gebühren und Beiträge von 17,4 v.H. auf 21,5 v.H. an den Gesamteinnahmen heraufsetzen.[5] Dabei ist zu berücksichtigen, daß die Gemeinden lediglich über 21,2 v.H. aller staatlichen Finanzeinnahmen verfügen, jedoch rund zwei Drittel aller öffentlichen Investitionen (außer Rüstungsinvestitionen) zu tätigen haben.

Die Finanzkrise der Städte und Gemeinden ist also nicht nur das Ergebnis einzelner fehlerhafter Entscheidungen. Sie ist in erster Linie Resultat der Tatsache, daß das staatliche Finanzsystem den Bedürfnissen der Kapitalverwertung Vorrang vor den Bedürfnissen der Bürger und der Kommunen einräumt. Die Versäumnisse der etablierten Politik bei der Bewältigung kommunaler Probleme rücken mehr und mehr ins öffentliche Bewußtsein. Im Zusammenhang mit den hessischen Kommunalwahlen 1981 gelangte eine Analyse der Giessener Universität zu dem Schluß, die Ansammlung lokaler Konflikte habe sich mittlerweile zu einer »Krise der lokalen Politik« entwickelt. Diese Krise habe ihre Ursache nicht etwa in spezifischer SPD- oder CDU-Kommunalpolitik. Es sei »das gesamte System kommunaler Willensbildung und kommunalen Entscheidungsvollzugs in eine tiefe Funktionskrise geraten«.[6] Die großbürgerliche »Frankfurter Allgemeine Zeitung« kommentierte das Hessen-Wahlergebnis sorgenvoll: »Alle etablierten Parteien haben Grund an sich zu zweifeln.«

Die systembedingte Anpassung der etablierten Kommunalpolitik an die von oben verordneten »Sachzwänge« geht Hand in Hand mit dem Verfall traditioneller sozialdemokratischer Reformpolitik in den Gemeinden vor sich. Das Wahldebakel der SPD in dem Lande, das mit seinem »großen Hessenplan« einmal die Reformideale der SPD verkörperte, ist also kein Wunder. SPD-Kommunalpolitik verkommt mehr und mehr als eine »Verwaltung des Mangels«. Der Dortmunder Oberbürgermeister Günter Samtlebe, beileibe kein Repräsentant der Rechten, gab als Vorsitzender der Sozialdemokratischen Gemeinschaft für Kommunalpolitik das Signal, »auf mittlere Frist hin« sei jede Forderung gegenüber dem Bund »nach Steigerung unserer Einnahmen absolut unrealistisch«! Das war als Schützenhilfe für die neue »Sparpolitik« der Regierung Schmidt/Genscher gedacht. Und die Essener SPD hat diese Mangelverwaltung gar als »neues Parteikonzept für die kommunalpolitische Arbeit unter die Leute gebracht«. Die lokale NRZ nennt dieses Programm » eine Herausforderung« für die Bürger. Sie schreibt: »Klipp und klar wird mehr Eigeninitiative gefordert; wird der ewige Ruf nach der öffentlichen Hand in Frage gestellt.« So wird die Demontage kommunaler Versprechungen als neues Konzept verkauft. Es ist schon ein Jammer, denn hier werden lediglich alte marktwirtschaftliche Ladenhüter der CDU neu herausgeputzt.

Diese Entwicklung ist der Boden für das in der Zukunft noch breiter werdende Betätigungsfeld für Bürgerinitiativen. Ihre Zahl und Bedeutung wird sicherlich zunehmen. In den Städten ist schon einiges in Bewegung geraten. Die Konflikte werden sich in den nächsten Jahren aber erheblich zuspitzen. Das dürfte zu einer qualitativen Erweiterung der sozialen Kämpfe führen. Diese haben eine betriebliche und eine kommunale Flanke. Die nüchterne Einschätzung dieser Prozesse führt zu dem Schluß:

Die Zuspitzung der Konflikte auf kommunaler Ebene ist eine Form des Klassenkampfes, die letztendlich aus den neuen Reproduktionserfordernissen der arbeitenden Schichten erwächst. Unter diesem Gesichtspunkt ist es eine objektive Notwendigkeit, die neuen sozialen Bewegungen in ein Bündnis mit den traditionellen politischen Bewegungen der Arbeiter zu bringen. Ohne ein solches Bündnis, das nicht nur auf der kommunalen Ebene zustande kommen muß, sind die vom System gezogenen Grenzen für eine alternative Politik nicht zu überwinden. Eine alternative Politik hat u.E. nicht nur die Funktion, die gegebenen Situation aus der Sicht der Unterprivilegierten zu analysieren, sie hat zugleich auch die Aufgabe, die Mittel und Wege zu nennen, die aus der Misere herausführen. Dieses Ziel hat die DKP-Fraktion innerhalb und außerhalb des Rates seit Jahr und Tag in Bottrop verfolgt. Sie hat immer wieder die Mißstände kommunaler Politik als Produkte und als charakteristisch für das herrschende System angeführt.

Außerparlamentarische Aktionen – das beste »Argument«

Angesichts der beschriebenen Rahmenbedingungen des Systems, in dem sich derzeit kommunale Politik bewegt, muß nach unserer Vorstellung alternative Politik das Ziel im Auge haben, die Kräfte zu entwickeln und den Lernprozeß zu fördern, die Voraussetzung für die Herbeiführung eines grundlegenden Wandels sind.

Diese Aufgabe hat viele Aspekte. Sie ist kein taktischer Schachzug, sie ist Bestandteil unserer Alltagsarbeit. Sie stellt sich bei uns ganz natürlich, weil die Mitglieder unserer Fraktion in ihrer Mehrheit Betriebsräte oder Mitarbeiter von Bürgerinitiativen sind. Da wir alle aus sozialistischer Sicht an die politische Arbeit gehen, widmen wir uns

a) den traditionellen Formen der außerparlamentarischen Bewegung, wie den Gewerkschaften, Betriebsräten, Vereinen und Verbänden und

b) den neuen Bewegungen wie Bürgerinitiativen o.ä., die auf Grund der Mängel in den alten Bewegungen entstanden sind.

Zu diesen Bewegungen erstreben wir ein partnerschaftliches Verhältnis. Wir sehen darin keinen Gegensatz zu den alten »Bewegungen«, die einen wesentlichen Teil der Arbeiterbedürfnisse artikulieren.

Die DKP-Fraktion versteht sich daher nicht nur als Partner, sondern auch als Anstoßgeber und schließlich auch als Faktor, der um die Einheit der außerparlamentarischen Bewegungen bemüht ist. Das läßt sich an folgenden Beispielen erläutern:

Bis zum Jahr 1975 gab es in Bottrop kaum eine nennenswerte Bürgerinitiative. Das Feld der Interessenvertretung schien von den traditionellen Organisationen besetzt. Ein wesentliches Thema jener Zeit waren die ständigen Belästigungen, die von den Kohle- und Bergetransporten auf den Straßen der Stadt herrührten. Das gewohnte Leben mit dem Bergbau schien damals die Probleme der Umweltverschmutzung, Schwertransporte und die

Anlage großer Bergehalden zu verdrängen. Die DKP-Fraktion kämpfte im Rat mit Nachdruck, aber zunächst ohne Erfolg, um die Durchsetzung einer weniger umweltgefährdenden Praxis des Bergbaus. Sie zog sich dabei auch die Kritik von Betriebsräten zu, die darin eine Gefährdung der Arbeitsplätze sahen. Davon ließ sich die DKP-Fraktion nicht schrecken. Sie machte die Probleme der verschiedenen Stadtteile in der ganzen Stadt publik. Sie schilderte in ihrer Stadtzeitung konkret die Belastungen der betroffenen Menschen. Sie nannte städtische und gesetzliche Möglichkeiten, diesen Gefahren Einhalt zu gebieten, und gab damit mittelbaren Anstoß zur Bildung mehrerer Bürgerinitiativen gegen die Drecktransporte. In diesen Bürgerinitiativen fanden sich nicht nur junge Leute oder sozialgehobene Schichten zusammen, in der Mehrheit waren es Frauen und Männer der mittleren Jahrgänge, insbesondere Arbeiter. Als diese Initiativen auf den Plan traten und mit ihren Forderungen den Rat unter Druck setzten, veränderte sich nicht nur das Problembewußtsein im Rat, er versuchte auch Schritt um Schritt, diesem Druck Rechnung zu tragen. Die Verwaltung machte dem Bergbau Auflagen. Die SPD-Fraktion mußte sich dem Sinneswandel der Meinung von unten anschließen und in jüngster Zeit hat das dazu geführt, daß der Rat erstmals einmütig die Konzeption der Regierung für Bergehalden in dieser Region ablehnte.

An anderer Stelle ist schon darauf hingewiesen worden, daß die erfolgreiche Aktionstätigkeit für die Mieter im Bergbau ein wesentlicher Faktor für die Wahl der DKP darstellte.

Die Vielzahl der Bewegungen, die Tatsache, daß sie in den meisten Fällen mit Erfolgen, zumindest Teilerfolgen verbunden waren, hat die Bereitschaft zur demokratischen Selbsttätigkeit gefördert, das kritische Bewußtsein gegen »die da oben« geformt, die, wie erlebt, nicht einfach das durchsetzen konnten, was sie wollten. In diesen Konflikten glänzten die etablierten Parteien immer mit totaler Enthaltsamkeit. Dieses Thema gehörte eben nicht zum »gesetzlichen Auftrag« der Kommunalpolitik. Die DKP-Fraktion dagegen leitete ihr Engagement aus der Gemeindeordnung ab, wonach die Verwaltung der Gemeinde »ausschließlich durch den Willen der Bürgerschaft bestimmt« werden soll. (So die Gemeindeordnung NW § 27,1) Dieses reale Demokratieverständnis, die Bereitschaft der DKP, jede sinnvolle Bürgerinitiative im Rat zu vertreten, ob sie aus der Schüler- und Jugendbewegung, aus dem mittelständischen Bereich oder auch von den Kirchen kam, hat mittlerweile auch bei Schichten außerhalb des früheren Wählerspektrums der DKP Verständnis und mehr Anerkennung gefunden.

Neue Bewegungen

Ein besonderes Kapitel unserer gegenwärtigen Stadtpolitik wird mit der Auseinandersetzung über den neuen Flächennutzungsplan geschrieben. Während in den früheren Jahren Flächennutzungs- oder Bebauungspläne in der Regel ohne nennenswerte öffentliche Beteiligung realisiert wurden, hat sich jetzt etwas gänzlich Neues vollzogen.

In der Mitte des Jahres 1980 legte die Verwaltung den Entwurf für einen Flächennutzungsplan vor, der nach anfänglichen Vorstellungen Mitte 1981 vom Rat beschlossen werden sollte. Diese Absicht der Verwaltung ist schon im Strudel der Ereignisse gekentert. Die DKP-Fraktion war die erste und einzige des Rates, die umgehend die Bevölkerung über Chancen und Gefahren dieser Planung informierte. Obwohl die lokale Presse schwieg und die etablierten Parteien den Kopf in den Sand steckten, informierte die DKP-Fraktion konkret über die wichtigsten Gefahrenpunkte. Sie ging mit der Fraktion »vor Ort« und diskutierte die anstehenden Probleme. Diese Themen waren ständiger Schwerpunkt ihrer Stadtzeitung, und siehe da: bei den am Ende des Jahres 1980 veranstalteten Anhörungen der Verwaltung gab es nicht nur Massenandrang, sondern auch massenhafte Kritik an den wichtigsten Grundlinien dieser Planung. Während die etablierten Parteien auch in diesem Stadium ihre offizielle Meinung zum Verwaltungsentwurf nicht erkennen ließen, legte die DKP Alternativen zu den Themen »Wohnen«, »Arbeit«, »Umwelt«, »Freizeit« und »Verkehr« vor. Sie sprach sich weiterhin für eine umfassende und reale Mitbestimmung der Bürger an dieser Planung aus, ermunterte die Bürger zur Kritik und erklärte sich bereit, alle kritischen Anregungen der Bürger entgegenzunehmen und auch mit Nachdruck im Rat zu vertreten. Die wenigen offiziellen Versammlungen haben zahlreiche individuelle und kollektive »Anregungen« für diese Planung hervorgebracht. Rund 1500 Bürger kamen zu den Veranstaltungen. Im Verlaufe der lokalen Auseinandersetzungen haben sich mindestens drei große jeweils einen ganzen Stadtteil umfassende Bürgerinitiativen neu gebildet und bestehende Bürgerinitiativen bzw. -vereine haben sich dieses Themas angenommen. Auch diese Bürgerinitiativen sind keine elitären Zirkel von Schülern, Studenten oder Schwärmern. In den Versammlungen dieser Initiativen dominiert der normale Bürger der Stadt, dort werden seine Interessen vorgetragen, dort vollzieht sich mehr und mehr ein breites Bündnis zwischen Arbeiter- und Mittelstandsinteressen, dort entwickelt sich eine kameradschaftliche Zusammenarbeit zwischen verschiedenen sozialen Gruppen, dort wird in Teilfragen eine präzise Alternative zur herrschenden Politik in Sachen Stadtentwicklung vorgetragen.

Die Bürgerinitiativen (BI) entstanden infolge von Bürgerversammlungen, in denen die örtlichen Gefahren der Planung sichtbar gemacht wurden. Einlader zu diesen Bürgerversammlungen waren recht unterschiedliche Gruppen, die von Jugendlichen bis zu Kirchenvertretern oder politisch von DKP bis zur CDU reichten. In den BI arbeiten seither Vertreter dieser Schichten zusammen. Ihre lokale Repräsentanz ist auf die Mitarbeit von Arbeitern bzw. Angestellten mittlerer Jahrgänge und des kleinbürgerlichen Mittelstandes (Handwerker, Kaufleute) zurückzuführen. Diese Entwicklung nimmt zunehmenden Einfluß auf die Haltung von Basisorganisationen der SPD. Die CDU gerät unter den Druck von Verbänden wie der »Kolpingfamilie« oder der »katholischen Arbeiterbewegung«. Vertreter von Kirchen, insbesondere der evangerlischen Kirchen, solidarisieren sich mit den kritischen Bürgerforderungen.

Auch die SPD-Fraktion hat zehn Monate gebraucht, um sich in einigen Fragen von den Verwaltungsvorstellungen abzusetzen. Ihr Fraktionsvorsitzender erklärte das mit dem Eingeständnis: »Wir leisten es uns auf keinen Fall, gegen die Interessen der Bevölkerung zu planen.«

Diese von Umfang und Zahl her wachsende Kraft der Bürgerinitiativen (zur Zeit gibt es mehr als zwei Dutzend in der Stadt) bildet eine immer stärkere Herausforderung der etablierten Politik. Sie stellt aber auch immer größere Anforderungen an die Qualität der von der DKP vertretenen »roten Alternative«. Die Kommunalwahlen im Jahre 1979 waren schon ein Zeichen dafür, daß die damals noch schwächere Bewegung der Bürgerinitiativen keineswegs die »Grünen« als die bessere Alternative im kommunalen Parlament ansah. In diesen Wahlen blieben die »Grünen« mit 2,4 v.H. weit unter dem Landesdurchschnitt. Die DKP konnte sich trotz gewisser Verluste zugunsten der Grünen mit 7,2 v.H. als Alternative mit dem größeren Vertrauenbonus betrachten. Die Grünen hatten auch kaum etwas Alternatives zur Stadtpolitik zu bieten, weil sie gemeinsam mit den etablierten Parteien die DKP-Fraktion zum Hauptgegner ihres Wahlkampfes gemacht hatten. Die Tätigkeit der Bürgerinitiativen reduziert sich in Bottrop keineswegs darauf, das Vehikel für eine neue Wahlpartei abzugeben. Sie ist vor allem darauf gerichtet, optimalen Druck auf die etablierte Politik auszuüben, dabei mit Mitgliedern aus allen Parteien zusammenzuarbeiten und jene Kräfte zu stützen, die dem Bürgerwillen Vorrang vor anderen Interessen einräumen. Das führt zu einem verstärkten Engagement der Bürger, das fördert die Politisierung und die Entfaltung breiter Kräfte, die wesentliche Korrekturen in der Stadtpolitik herbeiführen können. Dieses Engagement beschleunigt jedoch auch den Lernprozeß, mit dessen Hilfe die systembedingten Grenzen der gegenwärtigen Kommunalpolitik einem größeren Kreis der Bevölkerung bewußt werden. Diese Entwicklung halten wir für einen großen Gewinn und für die Voraussetzung zur weiteren Stärkung einer konstruktiven demokratischen Alternative.

Unser Konzept für die 80er Jahre

Die Bilanz ergibt: unser bisheriges Konzept war im großen und ganzen richtig. Unser Wirken hat sich ausgezahlt! Reicht dieses Konzept für die 80er Jahre? Ist es damit getan, die bisherigen Mittel und Methoden der Arbeit nur neu zu frisieren? Unser Konzept für die 80er Jahre verlangt mehr. Schon jetzt ist das Defizit im Haushalt der Stadt einige Millionen groß. Die mittelfristige Finanzplanung meldet bis 1985 immer größere Schwierigkeiten an. Aus Bonn wird eine »Rotstiftpolitik« verkündet, die rabiate und äußerst schmerzhafte Einschnitte in das gegenwärtige soziale Gefüge ankündigt. Die von dort ausgehende soziale Demontage auf breiter Front muß zwangsläufig breite Kräfte des Widerstandes hervorrufen. Unsere Aufgabe im Rat – und die aller alternativen Kräfte in den Städten – sollte darauf gerichtet sein, diese Welle des Unrechts dem breiten Publikum bekanntzumachen und – neben dem Protest – Widerstand der betroffenen Gruppen wachzurufen sowie in den Räten eine Abwehrfront gegen diesen Kurs zu schaffen. Das erfordert ohne Zweifel höhere politische Fähigkeiten, die Bereitschaft, alte Vorurteile zu überwinden und neue Bündnisse zu bilden, die Fähigkeit, die konkreten Punkte für diese zunächst zeitweisen Bündnisse präzise ins Auge zu fassen. Wir kommen auch nicht umhin, in die kommunale Debatte und Bewegungen die NATO-Raketenpläne einzubringen. Gerade diese unmittelbare Gefährdung unserer Existenz veranlaßt viele Bürger, auch solche, die bisher wenig politisches Interesse bekundeten, sich in Friedensinitiativen oder um den »Krefelder Appell« zusammenzuschließen. Damit treten neue politische Kräfte auf die Szene. Diese Kräfte sind jedoch zumeist im sozialen Leben der Stadt verankert. Da wird dann die Frage gestellt, warum für einen Kindergarten, für ein Jugendhaus, für eine Sportanlage oder den kulturhistorischen Teil einer Kirche kein Geld da ist. Dann können wir u.a. darauf hinweisen, daß die Kosten für ein Tornado-Kampfflugzeug so hoch sind wie die von 800 Sozialwohnungen, daß zwei Kampfpanzer vom Typ Leopard II mehr als eine neue Schule kosten, daß für eine neue Fregatte über 30 neue Schwimmhallen gebaut werden könnten, ganz zu schweigen von den Riesensummen, die Pershing II oder die Cruise Missiles verschlingen. Diese Fragen werden ohne Zweifel eine neue Qualität der sozialen Bewegungen in den 80er Jahren herbeiführen. Die Städte sind dafür das natürliche Aktionsfeld. Die erforderliche Verbindung zwischen außerparlamentarischen Aktionen und unserem parlamentarischen Kampf wird uns vor viele neue Probleme stellen.

Unabhängig von diesen Entwicklungen bleibt die Hauptzielgruppe unseres Wirkens die arbeitende Bevölkerung unserer Stadt. Dort gibt es Problembewußtsein zu schaffen, sie gilt es zu mobilisieren. Damit stellen wir uns zugleich die Aufgabe, das Spektrum unserer Wähler auszuweiten. Wir haben uns überzeugender an jene Arbeiterschichten zu wenden, die der etablierten Politik noch Glauben schenken. Die Kernfrage ist, die Arbeiter in den Betrieben zur aktiven Verteidigung ihrer Arbeitsplätze sowie ihrer berechtigten ökonomischen und sozialen Forderungen zu gewinnen. Die Betriebe sind der Dreh- und Angelpunkt aller erfolgreichen sozialen Massenbewegungen. Ohne eine Belebung dieser traditionsreichen Bewegungen haben die neuen sozialen Bewegungen keine wirkliche Erfolgschance.

Damit wird deutlich, daß alternative Stadtpolitik schnell an die Systemgrenzen stößt. Vor Illusionen ist zu warnen. Es gehört wenig Phantasie zu der Prognose, daß die wirkliche Herausforderung an die alternative Politik uns erst noch bevorsteht. Sie erfordert konkrete Bestimmung der Inhalte und der Methoden einer Gegenstrategie gegen die Etablierten. Sie erfordert ebenfalls die Bereitschaft zum unablässigen Bemühen um die Einheit aller echten Alternativen und Linkskräfte. In diesem Bündnis messen wir unserer eigenen Tätigkeit einige Bedeutung bei. Wir werden daher besonderen Wert auf die Stärkung unserer eigenen Partei legen, weil sie ein verläßlicher Faktor für die Stärkung der gesamten alternativen Bewegung und ein guter Partner aller Bürgerinitiativen der Stadt ist.

Wir sind keine Utopisten, die mit hehren Ideen einer Stadt ewiges Glück verheißen wollen. Wir meinen jedoch: Wer die Misere der etablierten Stadtpolitik überwinden will, muß eine echte Volksbewegung über kommunale Grenzen hinaus fördern. Es gilt die Vorherrschaft der großen Industrie und der Banken über die Politik dieses Landes zu beenden und eine Wende zu demokratischem und sozialem Fortschritt herbeizuführen. Dieses Ziel gehört zu unserer »roten Alternative«.

---

[1] Dr. Hans Jochen Vogel, Referat vor der 16. Hauptversammlung des Deutschen Städtetages am 26. Mai 1971 in München.

[2] Siehe FAZ vom 27. November 1980

[3] »Kommunaler Investitionsbedarf bis 1990«, Herausgeber: Deutsches Institut für Urbanistik und Deutscher Städtetag, Berlin 1980, S. 216

[4] Zitiert nach: »Für eine demokratische Kommunalpolitik« (Die Finanznot der Städte) Vorschläge der DKP, in: UZ-Extra, Düsseldorf, den 19. Februar 1981, Seite 8

[5] »Der Städtetag«, Kohlhammer-Verlag Stuttgart, Nr. 1/81, Seite 26

[6] Analyse der Gießener Universität ... in: »Frankfurter Rundschau« vom 21. April 1981

*Norbert Winkler**

Grüne Bürgerliste für Demokratie und Umweltschutz in Mörfelden-Walldorf

Politischer Erdrutsch in unserer Stadt

In der Stadt Mörfelden-Walldorf mit rund 32 000 Einwohnern am südlichen Rand des Frankfurter Flughafens gab es traditionell eine absolute Mehrheit der SPD. Als Besonderheit, ebenfalls traditionell, schaffte die DKP regelmäßig den Sprung über die 5%-Hürde. Ihre Wähler hatte sie vorwiegend im Stadtteil Mörfelden, gelegentlich übertrieben als »Klein-Moskau« apostrophiert. Sie stellte eine kleine, aber aktive Fraktion, stimmte im Parlament allerdings selten gegen die SPD. So hatte die CDU-Fraktion seither keinen großen Einfluß.

Bei den letzten Kommunalwahlen in Hessen am 22. März 1981 änderte sich das schlagartig. Die SPD verlor ihre absolute Mehrheit und sackte von 52,7 auf 39,0%, die CDU rutschte von 35,3 auf 27,4%. Die FDP hatte wegen Aussichtslosigkeit erst gar nicht kandidiert. Stimmengewinne verbuchte die DKP, die von 7,1 auf 8,4% zulegte. Neu ins Parlament, und zwar auf Anhieb mit 25,2% kam unsere Liste, die »Grüne Bürgerliste für Demokratie und Umweltschutz«. Wie ist das zu erklären, was war geschehen?

Die Herren machen das selber, daß ihnen der arme Mann Feindt wird

Zum Feind des Volkes wurde in diesem Fall die Flughafen-AG, kurz FAG genannt, ein in öffentlicher Hand befindlicher Dienst-

---

* N. Winkler ist Mitglied der »Grünen Bürgerliste für Demokratie und Umweltschutz« in Mörfelden-Walldorf.

leistungsbetrieb mit etwa 6500 Beschäftigten, die allerdings zu 2/3 Schichtarbeiter sind. Als Aktionäre sind zu 45,2% das Land Hessen (SPD/FDP), zu 28,9% die Stadt Frankfurt (CDU) und zu 25,9% die Bundesregierung (SPD/FDP) beteiligt. Diese FAG beabsichtigte auf Grund lange zurückliegender und überholter Wachstumsprognosen die Kapazität des Flugbetriebes durch den Bau einer dritten Betonpiste zu vergrößern. Wegen der im Ballungsgebiet Rhein-Main engen Besiedlung konnte diese zusätzliche Piste nur in einer Querlage zu den zwei bereits vorhandenen Start- und Landebahnen angelegt werden. Dies bedeutete das Abholzen eines vier Kilometer langen Waldstreifens bei gleichzeitiger Zerschneidung eines größeren Naherholungsgebietes und zusätzlicher Verlärmung der Restwaldstücke. Durch die Tatsache, daß diese neue Piste aus geographischen Gründen nur als Startbahn benutzt werden kann, beträgt der zu erwartende Kapazitätszuwachs nur wenige Prozentpunkte. Quer lag dieses geplante unwirtschaftliche Monstrum auch zu den Interessen der umwohnenden Bevölkerung. Einer Bevölkerung, die schon in der Vergangenheit bittere Erfahrungen im Kampf mit der jeweils herrschenden Macht machen mußte. Mörfelden war im Mittelalter eine Stadt rauher Fuhrleute, wurde im 30jährigen Krieg völlig niedergemacht und war später eine relativ arme Arbeiterstadt. Im Jahre 1932 wurde in Mörfelden der damalige von der Bevölkerung gewählte kommunistische Bürgermeister durch die hessische Sozialdemokratie mit Polizeigewalt abgesetzt und die Stadt mit Landespolizei unter den Ausnahmezustand gestellt. Viele Bürger erlebten die damaligen Ereignisse als sozialdemokratische Polizeidiktatur über Mörfelden.

Der zweite Stadtteil Walldorf hat eine ähnliche soziologische Struktur. Als Siedlung von Flüchtlingen der Waldenser, einer französischen reformatorischen Glaubensbewegung, die im 17. Jahrhundert wegen lebensbedrohender Verfolgungen in ihrer südfranzösischen Heimat nach Deutschland auswanderten, läßt sich in vielen Dingen das ursprüngliche Selbstbewußtsein wiederfinden.

Trotz des inzwischen erfolgten erheblichen Zuzuges von Neubürgern aus allen Teilen Deutschlands ist bei den Bürgern noch viel soziologisches Urgestein vorhanden. So erlebten die Bürger der vor vier Jahren durch Obrigkeitsverordnung zusammengelegten Städte (sprich Gebietsreform) nun erneut den Griff der FAG (vor allem der dahinterstehenden Landesregierung) als bedrohenden Angriff auf ihren Lebensraum. Und sie wehrten sich. Je deutlicher die umfangreiche Planung der FAG wurde und je sturer sich die Landesregierung hinter das Projekt »Startbahn 18-West« stellte, um so energischer wurde der Widerstand. Der Kampf gegen die umweltzerstörerische Erweiterung des Frankfurter Flughafens fand seinen vorläufigen Höhepunkt am 28. Oktober 1980, als die FAG unter Polizeischutz die ersten sieben Hektar Wald abrodete. Mitten in der Nacht versuchten etwa 3000 eilends zusammengelaufene Bürger gegen die Polizeigewalt und die Motorsägen österreichischer Waldarbeiter das Fällen der Bäume zu verhindern. Dies ist letztlich nicht gelungen; doch die Tränen der Ohnmacht vor Nato-Stacheldraht und Polizistenknüppeln war zumindest eine der Ursachen für den Wahlerfolg unserer Grünen Bürgerliste am 22. März 1981. Es stellte sich heraus, daß nicht nur Radikaldemokraten, Jungwähler und Linke unsere Liste wählten, sondern vor allem auch Wähler aus der Mitte des politischen Spektrums; ehemalige SPD-, CDU- und FDP-Wähler. Um dies zu erklären, bedarf es eines kurzen Rückblickes auf die Entstehungsgeschichte der »Grünen Bürgerliste«.

Die etablierten Parteien haben ihr Vertrauen verspielt

Nach der Polizeiaktion am 28. Oktober im Wald haben sich viele Bürger geschworen: . . . *die* wähle ich nie wieder! Da alle etablierten Parteien als Verursacher in die geplante und bereits begonnene Waldzerstörung verwickelt waren, traf dieser Schwur schließlich auch alle diese Parteien.

Bereits vor der Kommunalwahl verlor die örtliche SPD fast 25% ihrer Mitglieder durch Parteiaustritt als Protest gegen den Bau der Startbahn West. Ebenso kehrten bekannte CDU-Mitglieder (zahlenmäßig weniger) ihrer Partei den Rücken und die örtliche kleine FDP-Gruppe beschloß gar, auf eine Beteiligung an der Kommunalwahl aus Protest zu verzichten. Sie hätte allerdings durch das rigorose Eintreten ihres FDP-Landesministers Karry für den Startbahnbau ohnehin keinerlei Chance in unserer Stadt gehabt, die 5% zu überwinden.

Daß letztlich die etablierten Parteien doch noch – mit Blessuren allerdings – zu Wählerstimmen kamen, ist lediglich der Tatsache zu verdanken, daß sich ihre wichtigsten örtlichen Vertreter ausnahmslos gegen den Bau der Startbahn engagierten; dies bisher durchaus aktiv und ehrlich.

Bereits in der Vorwahlzeit wurde klar, daß die Wähler eine Alternative brauchten und wollten. Da die vorher ausgetretenen SPD-Mitglieder in der Mehrzahl auf Tauchstation gingen, kam es zunächst zur Gründung eines örtlichen Verbandes der Grünen. Fast parallel hierzu initiierte eine andere Gruppe (die den Grünen zunächst nicht gerade grün war) die Bildung einer unabhängigen Wählerinitiative. Bei den Grünen, wie auch bei den Initiatoren der Wählerinitiative (WI) waren aktive Streiter gegen die Startbahn West. Im Verlauf vielfacher Diskussionen und Versammlungen integrierten sich die Grünen schließlich in die Wählerinitiative und so entstand ein gemeinsames Wahlbündnis, welches schließlich zu einer gemischten Kandidatenliste mit dem Namen: Grüne Bürgerliste für Demokratie und Umweltschutz führte.

Wahlkampf gegen die Arroganz der Macht

Natürlich gab es endlose Diskussionen bis das Wahlprogramm feststand und die Kandidaten gewählt waren. Alles wurde jedoch erleichtert durch die Tatsache, daß sich die handelnden Personen bewußt waren, daß es in unserer Stadt nur ein einziges alternatives Wahlangebot geben durfte. Der Protest gegen die etablierten Parteien, wie auch der Anfang für eine demokratische Politik, konnte nur auf einer einheitlichen und eindeutigen Grundlage beruhen. Die auf dieser Grundlage der Vernunft erstellte Kandidatenliste war möglicherweise einmalig: ehemalige SPD- und CDU-Leute, ehemalige FDP-Mitglieder, Aktivisten der Bürgerinitiative, Grüne, Linke; alle unter einem Hut. Insgesamt 45 Kandidaten, soviel wie das Parlament Sitze hat. Das Verhalten der etablierten Parteien war es, was unsere Gruppierung zusammenschweißte. Uneinsichtigkeit der Landesregierung und arrogantes Verhalten ihrer Vertreter gegenüber der Bevölkerung sowie stures Festhalten an formalen Rechtspositionen machten uns und der Bevölkerung endgültig klar, daß der Ausbau des Flughafens nicht mehr nur ein Streitobjekt an sich, sondern auch als Mittel für die Landesregierung dienen sollte, Autorität zu zeigen.

So sorgte die etablierte Macht automatisch für unseren zentralen Wahlslogan »Gegen die Arroganz der Macht – für eine lebenswerte Umwelt«. Dies war der Kern unseres Wahlbündnisses und dies traf auch die Stimmung der Bevölkerung. Die örtliche SPD und CDU starrten auf unsere Aktivitäten wie das Kaninchen auf die Schlange; die DKP versuchte uns madig zu machen mit persönlichen Angriffen. Alle bangten um ihre Prozente. Aber unsere Sache lief und bekam eine gewisse Eigendynamik. Das Wahlprogramm (eher gemäßigt) wurde verabschiedet und der Wahlkampf fast profihaft durchgezogen. Mit ungefähr 12% haben wir gerechnet, 25% sind es geworden. Bei den Etablierten gab es lange Gesichter, bei uns eine Riesen-Wahlfete, bei der sich die Bevölkerung drängelte.

Die Arbeit im Parlament beginnt

Mit 25% der Wählerstimmen befindet man sich kaum noch in der Opposition, sondern mitten drin in der »parlamentarischen Verantwortung«. Automatisch ergaben sich unsere ersten parlamentarischen Schritte aus dem weiteren Verhalten der SPD-Fraktion. Sie hatte ihre Wahlniederlage nicht kapiert und tat so, als hätte sie noch die absolute Mehrheit. Dies wurde deutlich, als die erste parlamentarisch zu beschließende Vorlage anstand: eine neue Hauptsatzung. In der Hauptsatzung, die sich jedes Kommunalparlament – in der Regel für die Legislaturperiode – gibt, werden hauptsächlich die Zuständigkeiten des Magistrats (Exekutive) und die Zahl der Magistratsmitglieder festgelegt.

Durch eine neue Hauptsatzung versuchte die SPD ihren Mehrheitsverlust durch die Hintertür wieder aufzuheben.

Die SPD wollte die praktische Macht im wesentlichen durch zwei Änderungsvorschläge für die Hauptsatzung wiedergewinnen. Erstens durch Festlegung einer niedrigen Zahl von ehrenamtlichen Magistratsmitgliedern, weil sich dadurch arithmetisch eine SPD-Mehrheit im Magistrat ergeben hätte. Zweitens durch Erhöhung der finanziellen Entscheidungssumme im Magistrat um das Dreifache, weil eben diese beabsichtigte SPD-Magistratsmehrheit mit zusätzlicher finanzieller Entscheidungsgewalt ausgestattet werden sollte. Schließlich wollte die SPD uns durch das Angebot, uns den Vorsitz eines neu zu schaffenden Umweltausschusses zu überlassen, personell weitgehend befriedigen. Das war allerdings zu dünn, da ein Umweltausschuß keine grundsätzliche planerische Kompetenz haben konnte.

Wenn wir für die vierjährige Legislaturperiode den Einfluß entsprechend unserem 25%igen Wählerpotential behalten wollten, dann mußten solche SPD-Vorhaben parlamentarisch gestoppt werden. Wir brauchten also einen Partner und dieser Stimmpartner konnte nur die CDU sein. So begann unsere Arbeit mit einem (befristeten) Bündnis mit der CDU-Fraktion. Ein Absprache-Paket wurde geschnürt, und wir brachten gemeinsam mit stillschweigender Beteiligung der DKP die bauernschlauen SPD-Vorlagen zu Fall. Die Abstimmungen im Stadtparlament brachten schließlich folgendes Ergebnis:

Erstens wurde in der Hauptsatzung die Zahl der ehrenamtlichen Magistratsmitglieder auf elf, wie seither, festgelegt; diese Zahl war die Mindestzahl, um eine SPD-Mehrheit, die durch das Stimmrecht der beiden hauptamtlichen SPD-Magistratsmitglieder, Bürgermeister und erster Stadtrat, entstanden wäre, zu verhindern. Zweitens beschlossen die Stadtverordneten, die Zuständigkeit des Magistrats bei Vergabe von Aufträgen und Grundstückskäufen auf 50 000 DM zu begrenzen. Die SPD-Vorlage sah dafür 150 000 DM vor. Damit war eine SPD-Mehrheit im Magistrat blockiert und gleichzeitig dessen Zuständigkeit auf ein vernünftiges Maß reduziert. Ebenso wurden die im CDU-GB-Paket vereinbarten Personalentscheidungen, die hauptsächlich die Vorsitz-Verteilung in den Parlamentsausschüssen betraf, in den Stadtverordnetenversammlungen durchgezogen. Diese Einzelentscheidungen sind zwar für den Insider interessant, für den Leser dieser Zeilen jedoch mit Sicherheit nicht. Soviel kann jedoch gesagt werden, daß unsere Absicht, daß sich das Wahlergebnis in allen Gremien möglichst genau widerspiegelt und sich nicht irgendwo Mehrheiten ergeben, wo nach dem Wählerwillen gar keine hätten sein sollen, verwirklicht wurde. Realität in dieser Phase unserer parlamentarischen Arbeit war jedenfalls, daß der ehemalige SPD-Anspruch »Mehr Demokratie wagen« mit Hilfe der CDU und der DKP gegen die SPD-Fraktion durchgesetzt werden konnte und mußte.

Wirbel um den geplanten Bau einer Sporthalle

Geplant und beschlossen wurde diese Sporthalle schon im vergangenen Parlament. Doch sollte es ein kalter Betonkasten werden, eine der üblichen 08/15-Kisten aus Fertigbauteilen. Außerdem waren die Kosten um über eine Million DM höher geworden, als veranschlagt. Trotz Kreiszuschüssen mußte die Stadt 2,5 Millionen DM zusteuern, auf Pump natürlich, denn die Stadt ist finanziell am Ende.

Die Mehrheit unserer Wählerinitiative wollte das verhindern. Durch diese Sporthalle wurden einfach zu viele Gelder gebunden. Auf Jahre hinaus wären wichtige Umweltschutzprojekte dadurch unmöglich geworden. Beinahe wäre es uns, mit Hilfe der CDU wiederum, gelungen, das Ding zu stoppen. Daß dies dann doch nicht gelang, hatte zwei Ursachen:

Erstens hatten wir versäumt, die Öffentlichkeit in die Diskussion über diese Sporthalleninvestition einzubeziehen und eventuell zu mobilisieren. Zweitens hatten wir zeitlich keine Möglichkeit, eine Alternative zu entwickeln. Deutlich wurde dabei, daß große Projekte gleich am Anfang beeinflußt werden müssen. Desweiteren wurde bei diesem Problem der Sporthalle auch klar, daß die Kapazität unserer Leute bei der Bewältigung mehrerer, gleichzeitig auftretender Probleme, begrenzt war.

So stimmten schließlich alle Fraktionen außer der unsrigen für die Sporthalle, die meisten der Stadtverordneten wohl mit schlechtem Gewissen, aber keiner wollte es sich mit den Sportvereinen verderben.

Der Kampf gegen den Bau der Startbahn West im Parlament

Auf der juristischen, der formalen, wie auch der praktischen Ebene wurde der Kampf gegen die Startbahn West im Stadtparlament schon lange geführt. Außerdem hatten die Stadt Mörfelden-Walldorf und andere betroffene Orte unserer Region eine kommunale Arbeitsgemeinschaft gebildet, in der das Vorgehen der einzelnen Gemeinden und Städte gegen den Bau der Startbahn West koordiniert wurde.

In unserer Stadt selbst hatten alle Parteien zusammen eine Parteien-Aktionsgemeinschaft gebildet, deren spektakulärste Aktion ein dreitägiger Hungerstreik der Vorsitzenden von SPD, CDU, FDP und DKP im Foyer des Mörfelder Rathauses war. Das Zusammenwirken des Parlaments, der Parteien und der Bürgerinitiative mit ihren vielfältigen Aktivitäten war überhaupt erst die Grundlage dafür, daß der Kampf der Region gegen das Projekt »Startbahn West« überregionale Bedeutung erlangen konnte. Deutlich wurde aber auch, daß das Zusammenspiel der Landesregierung, der Stadt Frankfurt und der FAG mit der dahinterstehenden Finanzkraft und ihrem politischen Einfluß die Möglichkeiten kommunaler Aktivitäten überspielen kann. Besonders nach dem Kasseler Gerichtsurteil vom Oktober 1980, das die Planfeststellung der Startbahn West als rechtmäßig erklärte, waren die offiziellen kommunalen Aktivitäten erschöpft. Zu vielfältig sind die Zwänge offizieller Politik, wie Kommunalaufsicht, Gemeindeordnung, Planungsabhängigkeiten, Planungshoheiten, Entscheidungszuständigkeiten, Sachzwänge, Parteidisziplin, usw., als daß sie durch kommunale Gremien mit ihren geringen Befugnissen überwunden werden könnten. Und die Landesregierung setzte alle diese Zwangsfaktoren ein, um schließlich die nicht mehr funktionierende Wachstumspolitik in Beton umzusetzen, dabei gleichzeitig den ganzen eingesetzten Manipulationsmechanismus als demokratische Willensbildung verkaufend.

Inzwischen wurde die gesamte hessische SPD durch die »Vertrauensfrage« des SPD-Ministerpräsidenten auf einem Landesparteitag wieder zur Räson gepreßt. Für oppositionelle SPD-Gliederungen blieb immer weniger Spielraum.

Im selben Maße, wie kommunale Gremien und örtliche Parteigliederungen von der Landesregierung kaltgestellt wurden, wuchs notwendigerweise der Widerstand durch neue Aktivitäten der Bürgerinitiativenbewegung. Im Rahmen dieses Widerstandswillens entstand auch der Beschluß der BI zur Durchführung des Volksbegehrens und Volksentscheides nach Artikel 116 der hessischen Verfassung. Natürlich ist dieses Volksbegehren gegen den Bau der Startbahn West auch gegen die Politik der hessischen Landesregierung gerichtet und genau in diesem Zusammenhang zuckten die etablierten Parteigliederungen auch der SPD zurück. Insbesondere würde ein Volksentscheid der Bevölkerung gegen die umweltfeindliche, aber kapitalfreundliche Politik der von

SPD/FDP geführten Landesregierung die gesamte Machtstrukur bis hin zur Bundesregierung in Frage stellen. So war es auch kein Wunder, daß der hessische Innenminister den Knüppel aus dem Sack holte und kurzerhand den Kommunen verbot, die Initiativen und Unterschriftensammlungen zum Volksbegehren zu unterstützen, um die »Neutralität« zu wahren, wie er sagte.

Genau an dieser Stelle traten die durch die Kommunalwahlen in vielen Teilen Hessens in die Parlamente gewählten Grünen und alternativen Gruppierungen sowie Wählergemeinschaften in Aktion und brachten durch Anträge die Diskussionen um die Startbahn West wieder in die Parlamente. In unserer Stadt Mörfelden-Walldorf mußte zum Beispiel eine Sondersitzung des Parlaments mit der Tagesordnung: »Unterstützung des Volksbegehrens« gegen SPD und CDU durch die Stadtverordneten der Grünen Bürgerliste und der DKP erzwungen werden. Dies war möglich, weil diese beiden Fraktionen zusammen das dazu erforderliche Drittel der Parlamentssitze besaßen. Der Ablauf dieser für unsere Stadt wichtigen Stadtverordnetensitzung mit mehrfachen Sitzungsunterbrechungen und tummultartigen Zuschaueräußerungen brachte schließlich Beschlüsse hervor, die zumindest den gemeinsamen Kampf gegen die Startbahn West wie auch die Unterstützung des Volksbegehrens weiterhin sicherstellten. Zur Information des Lesers sind im Folgenden die Beschlüsse im vollständigen Text abgedruckt:

1. »Die Stadtverordnetenversammlung der Stadt Mörfelden-Walldorf beauftragt den von ihr benannten Aktionsausschuß gegen Flughafenerweiterung, unverzüglich und in Fortsetzung der Arbeit der Parteienaktionsgemeinschaft Vorschläge und Konzepte zur weiteren Öffentlichkeitsarbeit gegen den Bau der Startbahn 18 West zu erarbeiten, um damit überörtlich das politische Wollen der Stadtverordnetenversammlung kundzutun. Vorrangig sollen die Argumente der Stadt Mörfelden-Walldorf ergänzt durch neueste Daten und Fakten der Verkehrsentwicklung auf dem Flughafen Rhein-Main sowie die Verfassungsmäßigkeit und Verfahrensweise des Volksbegehrens nochmals einer breiten Öffentlichkeit zugänglich gemacht werden.«

Der »Aktionsausschuß« wurde als Arbeitsgremium der Stadtverordnetenversammlung gebildet, um die Aktivitäten gegen den Bau der Startbahn West im Auftrag des Stadtparlamentes durchzuführen. Ihm gehören Vertreter aller im Parlament vertretenen

Parteien an. Dieser Aktionsausschuß war nach den Kommunalwahlen durch unsere Fraktion neu initiiert worden.
2. »*Zur Finanzierung dieser Aufgaben wird die Haushaltsstelle 1.0000.659000.9 zunächst im Nachtragshaushalt um 20 000 DM erhöht.*«
Damit stehen dem Aktionsausschuß insgesamt 30 000 DM zur Verfügung. Ein Antrag unserer Fraktion die Verfügungssumme auf 100 000 DM festzulegen, war zuvor von der SPD- und CDU-Fraktion abgelehnt worden.
3. »*Die Stadtverordnetenversammlung der Stadt Mörfelden-Walldorf fordert alle gewählten Vertreter der Stadt in Magistrat, Stadtverordnetenversammlung, Kreisausschuß und Kreistag auf, sich am Tage X (Untertunnelung, Hüttenräumung und versuchte Rodung) und während der Demonstrationen gegen die Maßnahmen zum Bau der Startbahn 18 West ihrer Verantwortung für die Bürger bewußt zu sein und gemeinsam dazu beizutragen, daß das Konzept eines gewaltfreien Widerstandes der Bevölkerung eingehalten werden kann.*«
4. »*Die Stadtverordnetenversammlung beauftragt den Aktionsausschuß Kontakt mit der Bürgerinitiative mit dem Ziel aufzunehmen, ein gemeinsames Konzept zur Durchführung einer Großkundgebung/Großdemonstration am Wochenende nach dem Tag X zu erarbeiten. Zur Vorbereitung dieser Veranstaltung sollte der Aktionsausschuß auch Kontakt mit den Parteigliederungen der Flughafenumlandgemeinden aufnehmen.*«
5. »*Die Stadtverordnetenversammlung veranstaltet gemeinsam mit den Parlamenten der Umlandgemeinden eine Protestveranstaltung gegen die Flughafenerweiterung. Die Vorbereitungen dazu trifft der Aktionsausschuß. Diese Veranstaltung sollte in aller Kürze stattfinden.*«
Ursprünglich war von uns ein Beschluß zur Beteiligung aller Parlamentarier an einer Demonstration im Falle des Baubeginns der Startbahn gefordert worden. Da dies nicht mehrheitsfähig war, stimmten wir schließlich den vorstehenden Kompromißformulierungen zu.
6. »*Die Stadtverordnetenversammlung erklärt sich mit dem beabsichtigten Musterprozeß der Stadt Groß-Gerau betreffs Rundverfügung des Innenministers solidarisch.*«
Zu diesem Beschlußtext muß erläutert werden, daß die Stadt Groß-Gerau auf Antrag der dortigen Grünen-Fraktion zur Unter-

stützung des »Volksbegehrens« per Beschluß 2000 DM gespendet hatte und daraufhin der Landrat des Kreises als »Aufsichtsbehörde« die Aufhebung dieses Beschlusses verfügte. Das anschließend eingeleitete Widerspruchsverfahren der Stadt Groß-Gerau wird mit vorstehendem Beschluß von der Stadt Mörfelden-Walldorf solidarisch unterstützt.

In die Verwaltung gehen: ja oder nein?

In der praktischen Arbeit hat sich gezeigt, daß jede Fraktion stark abhängig ist von Informationen die der Verwaltungsapparat der Stadt besitzt oder erzeugt. Da die Verwaltung vom Bürgermeister und vom hauptamtlichen 1. Stadtrat (beide SPD) geleitet wird, haben diese großen Einfluß darauf, was auf den Tisch der Parlamentsarbeit kommt. Vor allem auch darauf: Wie. Bei der 1983 anstehenden Bürgermeisterwahl hätten wir durchaus die Möglichkeit zur Besetzung hauptamtlicher Positionen. Schließlich ist die SPD auf unsere Stimmen angewiesen, wenn sie nicht eine Koalition mit der CDU eingehen will. Letzteres wäre der SPD politisch kaum zuträglich. Für uns bedeutet aber die Zustimmung zu einem SPD-Bürgermeister auch eine Entscheidung für die Art unserer Gegenforderungen:

a) Wollen wir Zustimmung zu rein politischen Sachproblemen erreichen?
b) Wollen wir die Besetzung von hauptamtlichen Positionen erreichen?
c) Wieweit wollen wir beides?

Auf jeden Fall müssen wir demnächst eine grundsätzliche Entscheidung treffen: übernehmen wir Verantwortung in der Verwaltung durch Besetzung hauptamtlicher Positionen; ja oder nein.

Wie unsere Diskussionen auch ausgehen werden, auf Grund unserer politischen Struktur kann man bereits heute sagen: Wir werden weiter die Arbeit der Bürgerinitiativen im Parlament unterstützen *und* wir werden fortschrittliche Stadtpolitik machen. Klar ist auch heute schon, daß wir zur nächsten Kommunalwahl wieder antreten werden. Gegen die Arroganz der Macht! Im Lande tut sich was, die Herren werden sich noch wundern.

Jan Kuhnert[*]

Die GRÜNEN im Marburger Stadtparlament

I. Seit den Vorbereitungen zu den Europawahlen 1978 besteht im Kreis Marburg-Biedenkopf (Hessen) ein Kreisverband der Grünen, der sich von seinen Mitgliedern allerdings auf die Stadt Marburg konzentriert. Er ist nach einigen Wehen entstanden aus den damals in Hessen aktiven grünen Listen und Parteien: Grüne Liste Umweltschutz (GLU), Grüne Aktion Zukunft (GAZ), Aktionsgemeinschaft Unabhängiger Deutscher (AUD) und später kam noch ein Teil der Grünen Liste Hessen (GLH) sowie Spontis dazu. Von daher hat der Kreisverband ein vergleichsweise breites Spektrum, aus dem seine Mitglieder kamen: sowohl Wertkonservative wie Sozialisten als auch Anthroposophen wie Spontis arbeiten seit Jahren zusammen.

Nachdem in der hessischen Landtagswahl 1978 noch GAZ und GLH gegeneinander kandidiert hatten und zusammen 3,5% (alle Ergebnisse beziehen sich auf Marburg-Stadt) erreichten, übersprangen die Grünen zur Europawahl 1979 mit 5,5% die 5%-Grenze. Dieses Wählerpotential konnte trotz der vor Ort erheblich ausgeweiteten Basis nicht ganz bei der Bundestagswahl erreicht werden (4,4% Erst- und 3,3% Zweitstimmen). Trotzdem war ein Einzug in das Stadtparlament in der Kommunalwahl im März 1981 relativ wahrscheinlich, wenn auch nicht sicher: Auf der einen Seite hatten sich CDU und SPD durch eine 7jährige »Große Koalition« ziemlich unglaubhaft gemacht, auf der anderen Seite war (und ist) Marburg eine der stärksten kommunalen »Bastionen« der DKP (Kommunalwahl 1977: 10,3%). Mit dem Einzug

[*] J. Kuhnert ist Mitglied der Partei *Die Grünen* in Marburg

der Grünen ins Stadtparlament mit 5,9% haben sich die Möglichkeiten, Mehrheiten für eine fortschrittlichere Kommunalpolitik zu finden zwar verbessert, aber eine deutliche Mehrheit hat sich bisher nach einem halben Jahr noch nicht herausgebildet.

Den 25 Sitzen der CDU stehen 22 der SPD und drei der FDP gegenüber, die DKP hat fünf Sitze während für die Grünen vier Stadtverordnete eingezogen sind. Die CDU könnte also höchstens mit der SPD eine Mehrheit bilden, da Grüne und DKP nicht mit dieser Partei zusammenarbeiten. Auf der anderen Seite weigert sich die SPD allerdings seit Jahren, irgend eine Zusammenarbeit mit der DKP zu akzeptieren. Als Alternative zur Großen Koalition scheint sich eine Zusammenarbeit von SPD/FDP und Grünen anzubieten, die mit 29 Stimmen zwar eine Mehrheit gegenüber der CDU hat, die jedoch gegebenenfalls durch eine »Koalition der Nein-Sager« (Oberbürgermeister Drechsler, SPD) von 30 Stimmen (25 CDU und 5 DKP) blockiert werden könnte.

II. Bereits in der Wahlnacht hatte sich der Spitzenkandidat der SPD, OB Drechsler, für den Versuch einer Zusammenarbeit mit FDP und Grünen ausgesprochen und jede gemeinsame Aktivität mit CDU und DKP abgelehnt. Diese »Linie« wurde zwar durch Parteitagsbeschlüsse untermauert, aber in der Realität doch nicht durchgehalten: um die DKP und auch die Grünen aus dem Magistrat (der »Stadtregierung«) herauszuhalten, wurde auf Vorschlag der SPD mit den Stimmen von CDU und SPD die Zahl der ehrenamtlichen Magistratsmitglieder auf das gesetzliche Mindestmaß reduziert; eine Entscheidung, der wir Grünen uns nicht unterworfen haben und gegen die wir z.Z. klagen. Die Frage jedoch, ob sich für eine gemeinsame Politik von SPD/FDP und Grünen eine Basis finden läßt, ist immer noch nicht entschieden. Wir hatten unsererseits die Demokratisierung des Stadtparlaments und die Gleichbehandlung aller Parteien, auch der DKP, zur Voraussetzung für Gespräche mit anderen Parteien gemacht. In Punkto Magistrat also Fehlanzeige, während die Beteiligung aller Parteien an den Ausschüssen – im Gegensatz zu früheren Wahlperioden – erreicht werden konnte. Als Morgengabe einer gewünschten Zusammenarbeit mit den Grünen verzichtete die SPD zu unseren Gunsten auf den Vorsitz im Bauausschuß, der traditionell der CDU zustand, sicherte jedoch der CDU die gleiche Zahl an Ausschußvorsitzenden wie bisher, ohne dazu genötigt zu sein.

Wir haben trotz dieser widersprüchlichen Situation die Angebote von SPD und FDP zu gemeinsamen Gesprächen über Sachfragen angenommen und verhandeln in bisher ca. acht Gesprächsrunden auf der Basis eines von uns vorgelegten Positionspapiers. Obwohl die Gespräche noch nicht abgeschlossen sind, haben die beteiligten Parteien bisher noch erklärt, sie sähen eine Grundlage in Sachfragen, die eine gemeinsame Politik ermöglichen würde. Die »Alternative« zu einer solchen Zusammenarbeit wäre die Große Koalition, die zwar ein Parteitag der SPD schon abgelehnt hat, aber was sind deren Beschlüsse den Funktionären schon wert. Unser Ziel war es, eine solche Situation – die wieder auf Jahre jede Politik ohne die CDU verhindern würde – zu vermeiden, ohne uns jedoch auf eine feste Koalition einzulassen, in der wir keine Möglichkeit mehr hätten, neue Ideen einzubringen und uns abweichend zu verhalten. Wir sind allerdings zur Durchsetzung unserer Politik zu längerfristigen Sachabsprachen bereit, und wir wollen erst sehen, ob diese Absprachen auch im Haushalt verankert werden, bevor wir uns zur Frage der Wahl von hauptamtlichen Magistratsmitgliedern entscheiden. Eine Sicherheit wäre mit einem grün »gefärbten« Haushalt allerdings noch nicht gegeben, denn wenn die Wahl der Hauptamtlichen im Herbst 1982 vorbei ist, kann die SPD, nachdem sie mit uns ihre Kandidaten gegen die CDU durchgesetzt hat, aus ihrer gestärkten Position dann jederzeit wieder auf die Zusammenarbeit mit der CDU einschwenken und durch einen Nachtragshaushalt alle unangenehmen Themen einer alternativen Politik wieder herausstreichen.

Auch nach dem Ende der parlamentarischen Sommerpause 1981 ist eine endgültige Klärung der politischen Mehrheiten im Marburger Stadtparlament noch nicht abzusehen. Der von den Grünen vorgelegte Vorschlag einer gemeinsamen Vereinbarung von SPD, FDP und Grünen wurde vom SPD-OB Drechsler als für die SPD völlig unannehmbar abgelehnt, die Detailkritik zeigte jedoch, daß sich die SPD teils an Formulierungsfragen teils aber an Grunddifferenzen, wie Straßenbau, Bau eines Kongreßzentrums, »Konsolidierung« des Haushaltes, keine Ausdehnung des Personaletats, kostendeckende Gebühren – kurz an der Fortsetzung ihrer Politik – festgebissen hat. In wieweit die noch laufenden Verhandlungen, die nun auf der Basis eines SPD-Vorschlages weitergeführt werden, noch zu Annäherungen zwischen den Forderungen der Grünen und der Ablehnung durch die SPD führen (die FDP hat die Verhandlungen bisher inhaltlich nicht geprägt), bleibt abzuwarten, da auch die Diskussion innerhalb unserer Partei darüber, was denn nun von unserem Forderungskatalog absolut unverzichtbare Punkte sind, noch nicht abgeschlossen ist. Es ist nicht unwahrscheinlich, daß die SPD die Verhandlungen bis zur Verabschiedung des Haushaltes für 1981 Ende Dezember 1981 hinzuziehen versucht, weil sie meint, erst hier müßten die Grünen zeigen, ob sie auch »unangenehme« Entscheidungen mittragen könne. Allerdings scheint bereits jetzt sicher zu sein, daß einzelne SPD-Funktionäre trotz eines entgegenstehenden Parteibeschlusses heimlich mit der CDU Gespräche führen, wobei die z.Z. laufenden Verhandlungen mit FDP und Grünen als Erpressungsmittel gegenüber der CDU genutzt werden könnten. Der Oberbürgermeister erklärte kürzlich (sogar im Fernsehen), er werde im Herbst 1981 mit mehr als 40 Stimmen gewählt, die allerdings nur dann zu erhalten sind, wenn auch Stadtverordnete der CDU ihn mitwählen. Also: doppeltes Spiel der SPD nach allen Seiten, weshalb wir Grünen uns nur mit Skepsis und ohne allzu großen Optimismus an den Verhandlungen beteiligen.

III. Das Ziel unserer Arbeit im Parlament ist – neben der erwähnten Demokratisierung und Öffentlichkeit der Prozesse – die Durchsetzung jener Projekte, die in den letzten Jahren wegen der Zusammenarbeit von SPD und CDU liegen geblieben sind und die in Marburg eine Erstarrung des politischen Lebens bewirkt haben. Ein erster Erfolg konnte mit der Einrichtung eines Jugendbildungswerkes in gemeinsamer Trägerschaft von Stadt und DGB gegen die Stimmen der CDU erreicht werden. Die Bereitstellung städtischen Wohnraums für ein selbstverwaltetes Frauenhaus ist demgegenüber trotz zuvor erzielter Übereinstimmung in den Verhandlungen durch eine Entscheidung der SPD-Fraktion mit Stimmen der CDU im Magistrat zu Fall gebracht worden. Aber insgesamt liegen in diesem Punkt des Ingangbringens blockierter Projekte die größten Gemeinsamkeiten mit der SPD.

Dagegen ist die Realisierung unserer alternativen politischen Positionen der Grünen klar mit erheblichen Schwierigkeiten bis hin zu Unverträglichkeiten verbunden; hier gibt es oft eine größere Nähe unserer Forderungen zu denen der DKP als zu SPD/FDP. Wir haben uns bisher auf die Erarbeitung von Umweltfragen, die Entwicklung alternativer Energieprojekte und die Tarifgestaltung öffentlicher Dienstleistungen konzentriert. Ein zweiter Schwerpunkt liegt in den Fragen der Verkehrspolitik, zu der wir ein umfassendes Konzept der Verkehrsberuhigung ohne Straßenneubau und mit Förderung des öffentlichen Nahverkehrs vorgelegt haben. Darüber hinaus setzen wir uns für selbstverwaltete Projekte ein: Frauenhaus, Studiobühne für freie Gruppen, Übergangsheim für obdachlose Jugendliche u.ä. Was wir davon nun im einzelnen durchsetzen können, ist bis zum Redaktionsschluß dieses Buches noch nicht zu übersehen, da die Gespräche ja noch laufen und einige grundsätzliche Fragen z.Z. noch offen sind.

IV. Eine große Bedeutung in unserem Verständnis von politischen Prozessen nimmt die Öffentlichkeit unserer Entscheidungen ein. Unsere Arbeit basiert auf unserem Wahlprogramm, womit sie für jeden nachprüfbar bleibt, wenn auch das Programm manchmal recht allgemein war, wo jetzt von uns Detailentscheidungen verlangt werden. Unserer gesamter Arbeits- und Entscheidungsprozeß ist – im Gegensatz zu allen anderen Parteien – öffentlich. Ausgehend von den Grundlinien, die auf öffentlichen Sitzungen des Kreisverbandes der Grünen entwickelt werden, erarbeiten sechs thematische Arbeitsgruppen – die auch Nichtmitgliedern gleichberechtigt offen stehen – Detailprogramme, Anfragen und Anträge. Die Koordinierung der Arbeit auf Stadtebene findet in einem kommunalpolitischen Arbeitskreis statt, an dem ebenfalls Nichtmitglieder gleichberechtigt teilnehmen und auch die Verhandlungspositionen mitentscheiden. In diesem Arbeitskreis finden auch – öffentlich! – die Sitzungen der Fraktion statt, in denen Verhandlungen und Sitzungen des Stadtparlaments vorbereitet werden.

Innerhalb des Kreisverbandes ist allerdings die Stellung des kommunalpolitischen Arbeitskreises der Grünen umstritten, zum einen, weil er Nichtmitgliedern das Recht auf Mitentscheidung von Verhandlungsführung, Anträgen, Abstimmungsverhalten der vier Grünen Stadtverordneten einräumt, zum anderen, weil durch die zu behandelnden Themen der Politik in der Stadt Marburg zusammen mit der Öffentlichkeitsarbeit der Fraktion eine Konzentration der Arbeit der Grünen im Kreisverband auf die Stadt Marburg erfolgt, wodurch eine Ausweitung der Organisation wie der Aktivitäten auf das ganze – relativ große – Kreisgebiet erschwert werde. Schließlich stecken in dieser innerparteilichen Kontroverse auch noch frustrierende Erfahrungen aus der Zeit vor der Wahl, wo einzelne Mitglieder der Grünen zusammen mit anderen, die sich heute aktiv am kommunalpolitischen Arbeitskreis als Nichtmitglieder beteiligen, die Grünen zur Beteiligung an einer unabhängigen alternativen Liste zwingen wollten. Allerdings verbergen sich hinter den – teils bis ins Persönliche gehenden – Auseinandersetzungen auch unterschiedliche Verständnisse des Charakters einer Grünen Partei. Es geht dabei um die Frage, ob die Grüne Partei mehr als traditionelle Organisation zu verstehen ist, allerdings mit starker Kontrolle der Abgeordneten durch die Mitgliederversammlung, oder ob die Grünen eine mehr geöffnete Organisationsform brauchen, bei der nicht das Parteibuch, sondern die aktive Mitarbeit über die Einflußmöglichkeiten entscheidet. Bei allem Risiko, das eine offene Form mit der Möglichkeit der Beeinflussung von außen – egal ob Jusos oder DKP – beinhaltet, steckt aber gerade in dem Mut, solche neuen Wege zu beschreiten, die Hoffnung, daß die Partei der Grünen nicht den Kontakt zu den Bewegungen und Initiativen verliert, aus denen sie ja größtenteils entstanden ist.

Die Beteiligung von Bürgerinitiativen ist uns bisher allerdings nur punktuell gelungen, zumal es in Marburg keinen lokalen Zusammenschluß der BI's gibt. Unsere Erklärungen und Stellungnahmen haben wir zwar – bisher – in der CDU-orientierten Monopolzeitung noch relativ breit darstellen können, die alternative »Marburger Zeitung« will aber verständlicherweise Distanz zu uns halten, die Beteiligung von Redakteuren am kommunalpolitischen Arbeitskreis ist aber vereinbart worden.

V. Nach einem Vierteljahr Arbeit im Kommunalparlament ist es schwer, schon jetzt ein erstes Resümée zu ziehen. Jedoch sind uns zwei Probleme deutlich geworden: die Verfahrensweisen des Parlamentarismus und die Zusammenarbeit mit anderen Parteien.

Da wir bisher völlig aus dem Magistrat rausgehalten wurden, fehlt uns die Möglichkeit, die in der Verwaltung ablaufenden Prozesse zu kontrollieren, zumal der Magistrat nicht öffentlich tagt und seine Beschlüsse und Beratungen vertraulich sind. Dagegen benutzt allerdings die SPD den Magistrat geradewegs für ihre Parteipolitik, wobei sie sich eben mit der CDU abzustimmen scheint. Eine weitere Schwierigkeit der parlamentarischen Verfahrensweisen liegt darin, daß wir nur geringe Möglichkeiten haben, erreichte Übereinstimmungen zwischen SPD/FDP und uns Grünen auf einen Zeitraum von vier Jahren abzusichern, weil wir keine Koalition schließen wollen, da nach der erfolgten Wahl des Oberbürgermeisters die SPD im Prinzip auf uns nicht mehr angewiesen ist,

Haushaltsentscheidungen können eben wieder aufgehoben werden.

Auch die disziplinierenden und diskriminierenden Verfahrensvorschriften im Parlament behindern unsere Arbeit: Anträge können in Ausschüssen verschleppt werden, direkt im Plenum können nur Dringlichkeitsanträge mit 2/3-Mehrheit gestellt werden; der Stadtverordnetenvorsteher (Parlamentspräsident) bestimmt allein Ablauf und Inhalt der Sitzungen und diese Position wurde von der SPD noch an die CDU verschenkt, da jene stärkste Fraktion sei; die fehlende Möglichkeit, den Magistrat von außen zu kontrollieren und der geringe Einfluß auf die Tagesordnung erschweren das Einbringen von inhaltlichen Positionen und schließlich ist die Möglichkeit, sich spontan zu äußern, völlig beschnitten worden: sogar persönliche Erklärungen müssen vorher dem Stadtverordnetenvorsteher schriftlich zur Genehmigung vorgelegt werden.

Auch die Zusammenarbeit mit den im Stadtparlament vertretenen Parteien ist sehr schwierig: wie erwähnt haben die SPD wie die FDP – auf Kosten der SPD in den Magistrat gehievt – die Möglichkeit, durch Anträge des Magistrats jederzeit ihre Positionen ins Parlament zu bringen und ob wir mit diesen Parteien zu einer – wie auch immer gearteten – Zusammenarbeit kommen, ist noch offen. Auf der anderen Seite ist dies die einzige Möglichkeit, Mehrheiten für sinnvolle Positionen zu schaffen. Durch die Weigerung der SPD, mit der DKP in irgend einer Form zusammenarbeiten zu wollen, sind uns allerdings auch einige Probleme entstanden. Außer den erwähnten Schwierigkeiten bei Abstimmungen (siehe I.) belastet der Antikommunismus der SPD-Fraktion erheblich den politischen Alltag. Alle Themen, die die DKP anspricht, werden erstmal tabuisiert, um sie dann – wenn es doch nicht mehr zu umgehen ist – als eigenen SPD-Antrag einzubringen. Aber auch die DKP hat die Möglichkeiten gemeinsamer Arbeit mit den Grünen durch einen sehr aggressiven Wahlkampf erschwert, indem wir das Gefühl haben mußten, der Hauptgegner der DKP und nicht der CDU zu sein. Nach der Wahl seitens der DKP als »Fehler« abgetan, hat dieses Verhalten bei unseren Mitgliedern doch einige Skepsis hinterlassen. In Gesprächen und Kontakten haben wir jedoch vereinbart, daß DKP und Grüne sich vor den Sitzungen des Stadtparlaments über die eingebrachten Anträge informieren und – womöglich – im Verfahren miteinander Offenheit praktizieren. Außerhalb des Parlaments ist aber eine breitere Zusammenarbeit anscheinend möglich: Das »Marburger Forum« für Frieden und Abrüstung wurde von namhaften Vertretern und Mitgliedern aus SPD, Grünen, DKP und FDP getragen. Welche weiteren Perspektiven gemeinsamer Aktionen außerhalb des Parlaments sich zwischen den Parteien entwickeln und wie diese wieder in die Stadtverordnetenversammlung zurückwirken, das werden erst die nächsten Jahre zeigen. Die Fraktion der Grünen hat mehrfach solche – auch gegen Entscheidungen des Parlaments – gerichtete Initiativen unterstützt und sich den Bemühungen der etablierten Parteien, deren Politikverständnis und Abgrenzungswahn zu übernehmen, entzogen.

Ulli Stang*

Ein Jahrzehnt alternativer Stadtpolitik

1. DKP im Rathaus – das bewegt was!

Seit Herbst 1972 gibt es eine DKP-Fraktion in der Stadtverordnetenversammlung der Universitätsstadt Marburg. 5,3 Prozent der Wähler schickten zwei Kommunisten ins Stadtparlament. Was von den etablierten Parteien und ihrer Presse als »Panne« und »vorübergehende Episode« bezeichnet wurde, erwies sich – für sie unangenehmerweise – als stabil und entwicklungsfähig: bei den Kommunalwahlen 1974 erhielt die Marburger DKP 9,0 Prozent und damit fünf Mandate. Die Spekulation, daß die Gebiets- und Verwaltungsreform, durch die Marburg 18 bis dahin selbständige Gemeinden mit rund 20 000 Einwohnern zugeschlagen wurden, die DKP aus dem Parlament herauskatapultieren würde, erwies sich als Trugschluß. Genausowenig half eine Änderung des Kommunalwahlgesetzes (»lex marburg«), den Einfluß der DKP zu verringern, womit das Wahlrecht der Studenten an Marburg als »Mittelpunkt der Lebensbeziehungen« (1. Wohnsitz) geknüpft wurde. Die Stimmengewinne der DKP machten deutlich, daß die Wahlrechtsbeschneidung studentischer Wähler durch erhebliche Zugewinne aus der »ortsansässigen« arbeitenden Bevölkerung ausgeglichen werden konnten.

Bei der Kommunalwahl 1977 konnte die DKP in Marburg erneut ihr Stimmergebnis verbessern: 10,3 Prozent der Wähler verhalfen der DKP zu nunmehr sechs Mandaten, zur bis dahin stärksten Kommunalfraktion der DKP im Bundesgebiet.

Bei der Wahl 1981 konnte die DKP ihren Einfluß halten, konnte mit 8,1 Prozent allerdings nur noch fünf Mandate erreichen; neu ins Parlament kam bei dieser Wahl eine »Fraktion der Grünen« mit 5,9 Prozent und vier Mandaten.

* Ulli Stang ist Mitglied der DKP in Marburg.

Wie ist diese Entwicklung zu erklären, die nun schon über fast ein Jahrzehnt zum Ausdruck bringt, daß zunehmende Teile der Marburger Wählerschaft alternativ zu den etablierten Parteien SPD, CDU und FDP bei Kommunalwahlen abstimmen?

Bereits 1968 kandidierte in Marburg eine sozialistische Gruppe – die »Arbeitsgemeinschaft Sozialistische Opposition« (ASO) – zur Kommunalwahl und erreichte 3,5 Prozent. Eine der wesentlichen Aktivitäten der ASO im Wahlkampf richtete sich gegen kommunale Tarif- und Gebührenerhöhungen. Dabei ging es hauptsächlich gegen Gaspreiserhöhungen durch die Ruhrgas-AG, deren Preisdiktat durch die Stadtwerke auf Stadtparlamentsbeschluß weitergewälzt werden. Die ASO legte mit Flugblättern dar, wer an Gaspreissteigerungen verdient und welche Forderungen gegen die großen Energiemonopole auch in einem örtlichen Parlament gestellt werden müssen. Ein Spitzenkandidat der ASO-Liste trat 1972 mit der Liste der DKP mit gleichen Losungen und Forderungen gegen neuerliche Gaspreiserhöhungen auf. Die DKP hielt an diesen Aktionen gegen Gaspreiserhöhungen fest mit Unterschriftensammlungen, mit Demonstrationen, Straßentheater und vor allem mit umfangreicher Aufklärungsarbeit über Hintergründe und Macher der Preiserhöhungen. So gab es beinahe jährlich große DKP-Aktionen gegen die Gaspreislawine und gegen die Ruhrgas-AG. Der Kern der Forderungen der DKP ist in einem Antrag aus dem Jahr 1974 enthalten:

»Die Stadtverordnetenversammlung möge beschließen: Es ist notwendig, angekündigte Preissteigerungen der Ruhrgas-AG für Erdgas und die Weitergabe dieser höheren Gaspreise an die Marburger Gasverbraucher zu verhindern. Dazu wird der Magistrat beauftragt, gemeinsam mit den zuständigen Körperschaften aller Städte und Gemeinden, die an die Ferngasleitungen der Ruhrgas-AG angeschlossen sind, in Kontakt zu treten, um nach Möglichkeit gemeinsam mit diesen Körperschaften und der betroffenen Bevölkerung für folgende Forderungen einzutreten:
1. Die Preise für Mineralöl, Mineralölprodukte und Gas müssen sofort gestoppt werden.
2. Die Ruhrgas-AG muß sofort ihre Bücher offenlegen, damit ihre Preisgestaltung und Investitionen kontrollierbar werden.
3. Es wird ein Kartellverfahren gegen die Ruhrgas-AG angestrengt, um die Koppelung der Erdgasabgabepreise an die Heizölpreise aufheben zu können.

4. Die gesamte Erdöl- und Gaswirtschaft der Bundesrepublik (Erdöl- und Gasquellen, Pipelines, Tankanlagen und Raffinerie) ist bei demokratischer Mitbestimmung und Kontrolle zu verstaatlichen.«

In der Begründung des Antrags wurden sowohl die Ölkonzerne als dominierende Anteilseigner der Ruhrgas-AG benannt, als auch auf die Grundlage für die Verstaatlichung, die Artikel 14 und 15 der Hessischen Verfassung, verwiesen. Bei diesem Antrag spielte sich exemplarisch ab, was vielen Anträgen der DKP-Fraktion widerfuhr: Er wurde von der Tagesordnung abgesetzt, weil er angeblich nicht in die Kompetenz des Stadtparlaments fiel, da – wie es in dem von der SPD gestellten Absetzungsantrag hieß – ein Stadtparlament nicht die Verstaatlichung von Konzernen beschließen könne. Wir Kommunisten hingegen sind der Meinung, daß es sehr wohl in die Verantwortlichkeit kommunaler Parlamente fällt, ihre Bürger vor Ausplünderung durch multinationale Konzerne zu schützen und sich für Maßnahmen gegen das Großkapital einzusetzen. Wenn alle Städte, die im wahrsten Sinne des Wortes an der Gasleitung der Ruhrgas-AG hängen, sich gemeinsam gegen das Preisdiktat wehren würden, ließen sich zweifellos Erfolge erzielen.

Nachdem die DKP rund 3000 Unterschriften unter den Antrag in Marburg gesammelt hatte, erklärte der SPD-Fraktionssprecher während der Haushaltsdebatte im Mai 1974, daß für seine Fraktion eine Erhöhung der Gaspreise in diesem Jahr nicht in Frage komme und daß die DKP die »Bevölkerung verängstigt« habe. Zum großen Unbehagen großer Teile der SPD-Fraktion hatte die DKP-Fraktion aus einer Entschließung der 1. Arbeitnehmerkonferenz der SPD in Duisburg zitiert, in der es heißt: »Die SPD-Arbeitnehmerkonferenz fordert die Bundesregierung auf, ein Instrumentarium für ein aktives Eingreifen in die Preis- und Investitionspolitik der Unternehmen zu entwickeln... Die öffentlich kontrollierten Preise für Gas, Wasser, Strom, Verkehrstarife und Post müssen unverzüglich eingefroren werden.«[1] In der Haushaltsrede der DKP-Fraktion, während der die gesammelten Unterschriften als Eingabe der unterzeichneten Marburger Bürger übergeben wurden, hob die DKP hervor, daß erst am Tage der Haushaltsdebatte der zum Haushalt gehörende Wirtschaftsplan der Stadtwerke vom Magistrat zurückgezogen wurde, in dem immerhin Mehreinnahmen von 503 700 DM beim Gas veranschlagt worden waren. Der Erfolg der 3000 Marburger Bürger und der – damals noch zwei – DKP-Stadtverordneten war so offen- und aktenkundig.[2]

Dieser Kampf gegen die Gaspreiserhöhung ist deshalb so ausführlich dargestellt worden, weil er einige Grundlinien und Chancen von DKP-Parlamentsarbeit offenlegt:

1. keine Beschränkung auf lokale Politik, sondern Verknüpfung zur sogenannten »großen Politik« mit antimonopolistischer Stoßrichtung,
2. die außerparlamentarische Massenbewegung ist unverzichtbar für die Erfolgsaussichten alternativer Parlamentsarbeit,
3. sozialdemokratische Reformansätze im Interesse der arbeitenden Menschen finden bei der DKP die – oft einzige – Unterstützung.

Wenn wir sagen, daß die außerparlamentarische Massenbewegung unverzichtbar für die alternative Parlamentsarbeit ist, so möchten wir diese Massenbewegung nicht als Wählerbewegung – also mit Blick auf parlamentarische Positionen – reduziert sehen. Wir gehen selbstverständlich davon aus, daß kommunistische Abgeordnete in den Parlamenten um so besser die Interessen der arbeitenden Menschen vertreten können, je mehr ihr Wirken vom außerparlamentarischen Kampf unterstützt wird. Grundlegende Veränderungen müssen dabei vor allem im außerparlamentarischen Kampf, durch Streiks, Demonstrationen und andere Kampfformen errungen werden. Das Zusammenwirken des außerparlamentarischen Kampfes mit kommunistischen oder anderen diesen außerparlamentarischen Aktionen solidarisch verbundenen Parlamentsvertretern kann dafür eine wirksame Unterstützung sein. *Entscheidend* für den parlamentarischen Kampf von Sozialisten bleibt die Stärke der außerparlamentarischen Position, die Verbindung des parlamentarischen Kampfes mit dem außerparlamentarischen, die Rechenschaftspflicht sozialistischer Abgeordneter gegenüber ihren Wählern, so daß gar nicht der Eindruck aufkommen kann, sozialistische Abgeordnete seien »Repräsentanten«, an die das Volk seine Interessen delegiere, womit es sich seiner eigenen Selbsttätigkeit begebe. Sozialistischer Parlamentarismus kann also nur als Bestandteil eines Gesamtsystems von Politik Bedeutung erlangen, das darauf abzielt, durch verschiedenartige Kampfformen- und -mittel die Macht des Großkapitals zu beschränken, einzudämmen und schließlich zu überwinden. Für einen Kommunisten – unabhängig davon, ob er im Parlament wirkt – ist der außerparlamentarische Kampf die *wichtigste* Form des Kampfes sowohl im Ringen um die tagtäglichen Interessen der arbeitenden Menschen, als auch im Kampf um eine Wende zu demokratischem und sozialem Fortschritt.[3]

Deshalb bemühen sich DKP-Abgeordnete, wo immer die Kraft reicht, aktiv in Bürgerinitiativen mitzuarbeiten, in Gewerkschaften und Betrieben, als Elternvertreter, als Mieterräte außerparlamentarisch tätig zu sein.

Eine hervorragende Rolle, besonders unter Ausnutzung von DKP-Mandaten in Parlamenten, spielen im außerparlamentarischen Kampf die kommunistischen Kleinzeitungen. Über die Arbeit der Marburger DKP-Fraktion berichten zum Beispiel monatlich drei DKP-Betriebszeitungen, eine DKP-Hochschulzeitung sowie in 14tägiger Erscheinungsweise die Stadtzeitung »Marburger Echo«, die an nahezu jeden Haushalt der 75 000 Einwohner großen Stadt verteilt wird. Insbesondere das »Marburger Echo« ist zu einem Hauptinstrument unserer außerparlamentarischen Arbeit geworden. Dabei versteht sich diese Zeitung nicht begrenzt auf eine Funktion zur öffentlichen Darstellung und Unterstützung von DKP-Parlamentsarbeit. Gerade mit dem Einzug der DKP-Fraktion 1972 ins Stadtparlament verschärfte sich die ideologische Auseinandersetzung in der Stadt sowohl über lokale Fragen als auch über Probleme von nationalem, ja selbst globalem Charakter. Das »Marburger Echo« ist deshalb für uns ein wesentlicher Hebel, um auch in und mit Kommunalpolitik, in Ausnutzung kommunistischer Parlamentsmandate, die Ideologie der Arbeiterklasse verbreiten zu können.

In diesem Zusammenhang sei auf eine wichtige und grundlegende Position der DKP aufmerksam gemacht, von der selbstverständlich auch kein DKP-Abgeordneter abgeht: Wir kämpfen um Parlamentspositionen und mit Parlamentspositionen als Partei der Arbeiterklasse der Bundesrepublik. Auch in einem Wahlkampf oder in der Parlamentsarbeit verzichten wir nicht zugunsten einer gewissen »Salonfähigkeit« und vermeintlicher höherer Wählergunst auf die Darstellung unseres sozialistischen Ziels und auf die Propagierung des realen Sozialismus. Auch als Partei mit Parlamentspositionen sind wir eine Partei, für die die internationale Solidarität, der proletarische Internationalismus, Grundanliegen ist. Unsere Abgeordneten sind aktiv in der Solidaritätsbewegung für die unterdrückten Völker wie zum Beispiel Chile und Türkei, in der Hilfe für chilenische und türkische Asylanten und Exilanten genauso wie in der Solidarität mit ausländischen Arbeitern und ihren Familien.

Es braucht sicher nicht breit ausgeführt zu werden, daß die prinzipielle Verteidigung der Errungenschaften des realen Sozialismus, unsere internationalistische Position, uns angesichts des herrschenden Antikommunismus – vor allem des Antisowjetismus und einer Anti-DDR-Propaganda – sowie angesichts einer Ausländerfeindlichkeit oft Unverständnis ja sogar offene Gegnerschaft einträgt. So führte zum Beispiel die Marburger SPD ihren Wahlkampf 1977 gegen die DKP im Rahmen der sogenannten Menschenrechtskampagne wegen der Ausbürgerung Biermanns aus der DDR. 1981 waren Zeitungskleinanzeigen der SPD gegen die DKP ein zentrales Wahlkampfmittel der SPD, in denen es zum Beispiel hieß: »Kommunisten bewegen etwas – Panzer in Afghanistan, Preise für Russengas in die Höhe, Zwangsumtauschgelder in die Höhe – aber nichts im Marburger Rathaus.« Abgesehen davon, daß sich die SPD kaum traute, die Politik der DKP in der Bundesrepublik oder insbesondere in Marburg anzugreifen und ins Arsenal der Kalten-Kriegs-Propaganda greifen muß, um Wähler von der DKP-Wahl abzuhalten, stand für die DKP dadurch noch besser die Möglichkeit, offensiv zu den angesprochenen Themen auch in Wahlkampfzeiten Stellung zu nehmen. Immerhin war die SPD gezwungen, sich mit der Wahlkampflosung der DKP 1981 auseinanderzusetzen, die lautete »DKP im Rathaus – das bewegt was!«

2. Konsequent für Aktionseinheit und demokratisches Bündnis

Seit 1974 besteht in Marburg die Situation, daß SPD und FDP allein keine Mehrheit gegen die CDU im Parlament stellen können. Bürgerliche Kommentare sprachen davon, daß angesichts der »Pattsituation« zwischen CDU und SPD/FDP der DKP die Rolle eines »Zünglein an der Waage« zukomme. Diese Interpretation entspricht einem typisch bürgerlichen Parlamentsverständnis, nach dem Parteien mal nach der einen und mal nach der anderen Seite pendeln können. Die DKP hingegen hat erklärt, daß für sie allein die Vertretung der arbeitenden Menschen der Maßstab ihrer Politik ist und sie deshalb nicht hin und her pendeln werde. Gleichzeitig betonen wir kommunistischen Abgeordneten immer wieder, daß wir alle Initiativen und Anträge, egal von welcher Seite sie kommen, unterstützen, wenn sie im Interesse der werktätigen Bevölkerung liegen. Dabei orientiert die DKP auch im Parlament auf die Herstellung der Aktionseinheit, vor allem zwischen Sozialdemokraten und Kommunisten. Schädlich für die Durchsetzung der Interessen der Arbeiter und Angestellten, der Jugend und der kleinen Gewerbetreibenden aber ist die Politik der rechten SPD-Führer, auch auf örtlicher Ebene die gemeinsame Politik mit den DKP-Abgeordneten abzulehnen. So kam 1974 bei der Wahl zum Stadtverordnetenvorsteher (Parlamentspräsident) durch die Stimmenthaltung der SPD-Fraktion der Kandidat der CDU auf diesen einflußreichen Posten. Die SPD hatte sich auf keinen Kandidaten einigen können, der mit den Stimmen der DKP-Fraktion Stadtverordnetenvorsteher hätte werden können. Die DKP hatte deutlich gemacht, daß Zusammenarbeit abhängig gemacht wird von Grundfragen der Politik und nicht von der Person eines Kandidaten.

Allerdings zeigte sich bereits drei Monate nach der 74er Wahl, daß nicht alle SPD-Abgeordneten den antikommunistischen Kurs ihrer Fraktionsführung mitmachen wollten. Bei der Abstimmung über einen FDP-Antrag, der eine Umweltschutzfrage gegenüber einem chemischen Werk, der 100prozentigen Höchst-Tochter Behring-Werke Marburg, zum Inhalt hatte, stimmten sechs Sozialdemokraten zusammen mit der FDP- und DKP-Fraktion. Dieses Abgehen vom antikommunistischen Kurs in Richtung auf eine sachliche Parlamentsarbeit führte zum Ausschluß von vier dieser sechs Sozialdemokraten aus ihrer Fraktion. Diese Entscheidung der rechten SPD-Spitze wurde selbstverständlich von der CDU gelobt, führte aber fortschrittlichen Sozialdemokraten die Wirkungen des blinden Antikommunismus vor Augen und vertiefte Differenzen in der SPD. Die DKP-Fraktion betonte in diesem Zusammenhang, daß angesichts der wachsenden Krisenerscheinungen des kapitalistischen Systems, die sich auch in der Kommunalpolitik und den sie tragenden bürgerlichen Parteien widerspiegeln, die Stärkung der DKP eine Grundfrage für die Stärkung aller demokratischen und fortschrittlichen Kräfte ist.

Im Sommer 1976 standen nach Ablauf sechsjähriger Amtszeiten die Wahlen der vier hauptamtlichen Magistratsmitglieder im Marburger Stadtparlament auf der Tagesordnung. Die SPD-Fraktion gab dabei ihre Koalition mit der dreiköpfigen FDP-Fraktion auf und entschied sich für eine Große Koalition mit der CDU, vornehm »Wahlabsprache« genannt. Gegen diese Koalition gab es nicht nur erhebliche Widerstände in der SPD, sondern es bildete sich eine Initiative »Bürger für Marburg – gegen Große Koalition«, die mit vielfältigen Aktionen, darunter einer Kundgebung mit rund 2000 Teilnehmern, gegen die schädliche Politik des Unterwerfens der SPD unter CDU-Politik protestierte. Wie vor dem Zustandekommen dieser Koalition, so auch danach, wies die DKP auf die Tatsache hin, daß sich die SPD als Junior-Partner der CDU unterordne. Hauptlosung der DKP im Wahlkampf für die Kommunalwahl 1977 war folgerichtig und anknüpfend an die Erfahrungen der Marburger Bürger mit dieser unheiligen Allianz des Antikommunismus gegen die Bürgerinteressen: »Gebt der großen Koalition die Quittung!« Auch nach der 77er Wahl, die der DKP Stimmengewinne und ein sechstes Mandat brachte, setzen SPD und CDU ihre Koalition fort. Wenige Tage nach dieser Wahl schrieb die Marburger DKP einen offenen Brief an die Sozialdemokraten: »In Marburg wurde bewiesen, daß der Vormarsch der CDU gestoppt werden kann. In unserer Stadt hat die CDU keine Stimmengewinne erreichen können, sondern Verluste hinnehmen müssen. Das freut uns Kommunisten wie alle, denen es um Frieden und Fortschritt in unserem Lande geht. Es ist gewiß nicht unbescheiden von uns, wenn wir die Tatsache der Stimmenverluste für die CDU auch als Ergebnis des Wirkens der DKP in unserer Stadt sehen. Das Marburger Ergebnis bestätigt, die Kandidatur und das Wirken der DKP liegen nicht nur im Interesse der arbeitenden Menschen, schaden nicht der SPD, sondern sind eine wesentliche Voraussetzung, den Einfluß der CDU einzudämmen. Wir möchten auch auf folgenden Tatbestand hinweisen. Das Ergebnis der Kommunalwahl am 20. März in Marburg war gleichzeitig eine Entscheidung gegen die Große Koalition zwischen SPD und CDU. Die Stimmenverluste für die CDU sind auch eine Absage an jene Politiker der SPD, die für die Große Koalition in Marburg eingetreten sind... Aus der Zusammenarbeit der SPD mit der CDU, dieser Partei des Großkapitals, der Rüstungsgewinnler und Entspannungsfeinde, kommt für die arbeitenden Menschen nichts Gutes heraus. Wir haben stets bedauert, daß verantwortliche Vertreter der SPD in Marburg die Zusammenarbeit mit den Kommunisten verweigerten und mit den schärfsten Gegnern auch der SPD, Dregger und Wallmann, ein Bündnis eingingen ... Die Marburger DKP ist zu gemeinsamem Handeln bereit. Wenn in Marburg Kommunisten und Sozialdemokraten gemeinsam gegen die CDU handelten, dann könnte Marburg zu einem weithin sichtbaren Beispiel für die Bundesrepublik werden.«[4]

Die Antwort der SPD-Fraktion war ein Fraktionsbeschluß, den sie charakteristischerweise dem Marburger SPD-Stadtverband mit der Bitte um zustimmende Kenntnisnahme bekanntgab. Darin hieß es: »Die DKP ist für die SPD keine koalitionsfähige Partei, solange sie – in totaler Abhängigkeit von der SED – eine politische und gesellschaftliche Ordnung verteidigt, die – jedwede Opposition unterdrückt, einschließlich der Opposition aus den Reihen der Arbeiterbewegung, – keine Freiheit der Parteienbildung gewährt, – die Gewerkschaften und alle Interessenvertretungen gleichschaltet, – die Koalitions- und Pressefreiheit vorenthält, – alle kritische Meinungsbildung und Meinungsäußerung mit schweren Strafen bedroht. Kurz: derart die Menschenwürde mißachtet, die Freiheit vernichtet und das Recht zerstört. Da Sozialdemokraten glaubwürdig vertreten wollen, daß Sozialismus nur durch Demokratie verwirklicht wird, kann es kein – wie immer geartetes – Zusammenwirken von SPD und DKP geben. Auch auf kommunaler Ebene nicht, weil für die DKP Kommunalpolitik lediglich ein Mittel zur Durchsetzung ihrer allgemeinpolitischen Ziele ist. Deshalb wird die SPD-Fraktion dafür sorgen, daß die DKP im Marburger Stadtparlament auf jenen Einfluß begrenzt wird, der ihr mit sechs von 59 Stadtverordneten gesetzlich zusteht und auch in Zukunft verhindern, daß die DKP die Rolle eines 'Zünglein an der Waage' spielen kann.«[5]

Trotz dieser offen antikommunistischen Argumentation, die die Bildung der Großen Koalition (– diese kam übrigens unter aktiver Mitdiskussion von Willy Brandt und dem damaligen SPD-Bundesgeschäftsführer Holger Börner zustande –) rechtfertigen sollte, mußte die SPD-Fraktion immer wieder vor ihren Mitgliedern und der weiteren Öffentlichkeit zu dem Scheinargument greifen, die DKP stimme prinzipiell dem Haushaltsplan nicht zu, deshalb müsse man, um einen Haushalt beschließen zu können, mit der CDU koalieren.

Es sollen deshalb einige Bemerkungen zu unserer Stellung zu

kommunalen Haushalten gemacht werden. Seit unserem Einzug ins Marburger Parlament 1972 legten wir zu jedem Haushaltsplan konstruktive Anträge vor, die unsere programmatischen Forderungen als Opposition und in Alternative zum Haushalt der etablierten Parteien widerspiegelten. Solche Anträge betrafen im wesentlichen Schul- und Bildungspolitik, Jugendpolitik, Sozialpolitik, mehr Finanzmittel für demokratische Einrichtungen wie den Stadtschülerrat und den Jugendring, Finanzmittel für eine Demokratisierung der Verwaltung und des Parlaments wie Mittel für Bürgerinformation, Bürgerversammlungen u.a. Zum Haushalt 1980 brachte die Marburger DKP-Fraktion allein 47 Anträge ein, von denen eine ganze Reihe angenommen wurden, weil auch andere Fraktionen und der Magistrat ihrerseits ähnliche Anträge stellten, nachdem die DKP in vielen Briefen an die von den jeweiligen Haushaltsansätzen betroffenen Bürger und im »Marburger Echo« auf die DKP-Anträge aufmerksam gemacht hatte. In der Haushaltsrede stellte die DKP-Fraktion fest: »Selbstverständlich gibt es viele, sogar die überwiegende Zahl von Haushaltsansätzen, die wir – für sich betrachtet – für richtig halten und bejahen. Wer das aber für sich als Pluspunkte betrachtet, was er Nützliches für die Bürger tut, muß sich jedoch gleichzeitig darüber klar sein, daß es eigentlich nichts Besonderes sein darf, wenn Politiker etwas Nützliches für die Bürger tun. Das müßte das Selbstverständliche sein. Schließlich erwarten das die Bürger, wenn sie ihre Steuern zahlen, daß dann für sie auch etwas Ordentliches dabei herauskommt. Leider haben die Bürger aber immer wieder mit den Politikern der etablierten Parteien SPD, FDP und CDU die Erfahrung machen müssen, daß ihre Steuermittel für den Bürger unnütz oder falsch eingesetzt oder sogar verschleudert werden, so daß dann von Politikern dieser drei Parteien Zugeständnisse an Bürgerinteressen sogar als Wohltat verkauft werden können. Wir Kommunisten gehen hier immer nach der alten Losung der Arbeiterbewegung vor: Was des Volkes Hände schaffen, soll des Volkes eigen sein! Das bestimmt auch unsere Haltung zur Politik der anderen Parteien: Wir messen immer nach, was unter dem Strich für die Marburger herauskommt. Ist es nützlich, dann stimmen wir dieser Politik zu, gleich, ob die Vorschläge von SPD, FDP oder aus der CDU kommen. Schadet es den Marburger Bürgern, dann wird diese Politik immer auf das Nein der DKP stoßen.«[6]

So begründeten wir über mehrere Jahre unser Nein zum Marburger Haushalt, weil er die Politik der Großen Koalition darstellte. Oft wurden von den etablierten Parteien bereits vor der Haushaltsverabschiedung Gebühren- und Preiserhöhungen für kommunale Dienstleistungen beschlossen. Da die DKP solche, die werktätigen Bürger belastenden, Gebührenerhöhungen ablehnt, stellten wir in der Haushaltsrede 1979 fest: »Ein Haushalt, der von vornherein mit der unsozialen Hypothek von Preiserhöhungen belastet ist, der sich nicht an sozialen und demokratischen Grundpositionen orientiert, darf und wird nicht die Zustimmung der einzigen Oppositionspartei dieses Parlaments erhalten, die sich als Opposition im Interesse der arbeitenden und lernenden Bürger unserer Stadt versteht.«[7]

Wir Kommunisten akzeptieren nicht die von Bund und Land gesetzten Rahmenbedingungen, unter deren Diktat heute die Kommunen ihre Haushalts- und Investitionspolitik entwickeln müssen. Wir stimmen nicht zu, daß die garantierten Rechte der Gemeinden und Gemeindeverbände, wie sie in Artikel 28,1 des Grundgesetzes festgelegt sind, durch die staatsmonopolistische Regulierungs- und Austrocknungspolitik von Bundes- und Landesregierungen gebrochen werden. Kommunistische Abgeordnete stimmen nicht zu, wenn sich Abgeordnete der bürgerlichen Parteien und auch der SPD zu Erfüllungsgehilfen solcher Politik machen und eine monopolfreundliche Politik auch in den Kommunen machen, indem sie die Krisenlasten auf die Bevölkerung abwälzen. Selbstverständlich übersehen wir dabei nicht, daß es vornehmlich in den kommunalen Parlamenten Differenzierungen zwischen den kommunalen Filialen der Bonner Parteien gibt, daß es auch gelingen kann, Ansätze einer realistischeren, mehr sozialen und demokratischen Politik zu stärken und auch in Haushaltsplänen zu verdeutlichen.[8] In mehreren Haushaltsreden hat deshalb die Marburger DKP-Fraktion Gedanken geäußert wie zum Haushalt 1980: »Wir haben mehrfach die Hand ausgestreckt, um anzubieten, einen Haushalt mit uns Kommunisten ein- und durchzubringen. Aber seitens der SPD- und FDP-Fraktionen hat es leider nicht einmal den Ansatz zu verantwortlichen Gesprächen mit der DKP gegeben, um statt einer Großen Koalition mit der CDU diese CDU-Politik mit demokratischen Alternativen zu beantworten.«[9]

Offen gesagt sind allerdings DKP-Anträge zum kommunalen Haushalt mehr als bescheiden verglichen mit den objektiven Ressourcen der reichen Bundesrepublik und den gegenwärtigen und zukünftigen Bedürfnissen der werktätigen Mehrheit der Bevölkerung. So gilt auch in der Kommunalpolitik und für kommunale Haushalte, was im Programm der DKP formuliert ist: »Beim aktiven Eintreten für ihre unmittelbaren Interessen entwickeln die arbeitenden Menschen ihre eigene Kraft, erhöhen sie ihre Organisiertheit, sammeln sie neue Erfahrungen, die sie zu weitergehenden Forderungen veranlassen. Gerade unter den Bedingungen des staatsmonopolistischen Kapitalismus rührt der Kampf des werktätigen Volkes für die Verbesserung seiner sozialen Lage und die Erweiterung seines politischen Einflusses mehr als je zuvor an die Herrschaft des Großkapitals. Mit der Verteidigung der in der Vergangenheit durchgesetzten Errungenschaften kann dem Streben des Monopolkapitals nach einem reaktionären Ausweg aus der Krise begegnet werden. Erfolge im Ringen um die Erweiterung der sozialen und demokratischen Rechte wie um die Festigung des Friedens verbessern die Lage und die Kampfbedingungen des arbeitenden Volkes.«[10]

3. Bewegen oder sich bewegen lassen – Gretchenfrage der alternativen Stadtpolitik

»Seit acht Jahren gibt es Kommunisten im Stadtparlament: sie haben nichts bewegt. Die ganze Zeit haben sie nur von angeblichen Skandalen gelebt. Am Ende blieb nichts davon übrig. Das merken inzwischen auch viele DKP-Wähler, denn Lügen haben kurze Beine. Nun kämpft die DKP ums Überleben . . . In Marburg gibt es nur *einen* Skandal: die DKP im Stadtparlament. Sie hat dort nichts bewirkt und nichts verhindert, sondern lediglich dem Ansehen unserer Stadt geschadet.« Auf diese Aussage spitzte die Marburger SPD ihren Kommunalwahlkampf 1981 zu, der wenige Monate nach dem SPD/FDP-Sieg über den Kanzlerkandidaten Strauß nicht etwa gegen die CDU, sondern gegen die DKP geführt wurde. Man möchte annehmen, eine falsche Wahlkampfstrategie, denn eine Partei, die angeblich »nichts bewirkt und nichts verhindert« hat, dürfte doch eigentlich für die große SPD nicht *der* Gegner sein. Schon 1974 und 1977 hatte die SPD ihre ursprüngliche Wahllosung »Keine Stimme für CDU und DKP« reduziert auf die Losung »Keine Stimme für die DKP«.

In der Tat hatte die schon beschriebene Große Koalition von

CDU und SPD spätestens seit 1976 alles daran gesetzt, die DKP-Fraktion im Marburger Stadtparlament mundtot zu machen. »Demokraten bedienen sich gelegentlich undemokratisch erscheinender Mittel, um, wie sie argumentieren, parlamentarische Arbeit im Sinne der Demokratie möglich zu machen. Die Änderung der Geschäftsordnung der Marburger Stadtverordnetenversammlung vor etwa vier Jahren, die die Mindestzahl von 15 Mitgliedern des Hauses zur Unterstützung eines Antrages auf Eröffnung einer Aussprache forderte, war in der abgelaufenen Legislaturperiode ein Beispiel hierfür. Trotz laut gewordener rechtlicher Bedenken blieb diese Manipulation bis heute gültig. Das mehrheitlich von den großen Fraktionen CDU und SPD beschlossene Quorum war und ist eindeutig gegen die Kommunisten gerichtet ... Nicht aufhören wird die Kritik an der beschlossenen Änderung der Hauptsatzung, durch die DKP und Grüne ... aus dem ehrenamtlichen Magistrat ausgeschlossen bleibt. Die entsprechende Änderung der Hauptsatzung ist eine Manipulation ... Vernünftigerweise haben CDU und SPD nicht mit zweifelhaften Sachargumenten ihren Änderungsbeschluß zu rechtfertigen versucht. Es war allein eine politische Entscheidung mit dem Ziel, die Kommunisten aus dem Magistrat fernzuhalten, bekennen Christ- und Sozialdemokraten.« So freimütig analysiert der Chefredakteur der CDU-nahen »Oberhessischen Presse« am 16. Mai 1981 die Verhaltensweisen von CDU und SPD im Marburger Stadtparlament. Die antikommunistische Blockadepolitik verwehrte der DKP-Fraktion die Zustimmung zu jedwedem Antrag. Bis ins scheinbar Absurde wurde diese Politik entwickelt wie ein Beispiel zeigen mag: Der Marburger Stadtschülerrat wünschte die Aufstockung seines jährlichen Stadtzuschusses von 1500 auf 3000 DM. Die SPD stellte einen entsprechenden Antrag. Als sich die Ablehnung des Antrages durch den Koalitionspartner CDU abzeichnete, zog die SPD-Fraktion den eigenen Antrag zurück. Als der Antrag dann von der DKP-Fraktion übernommen wurde, stimmten ihn SPD und CDU gemeinsam nieder. Wie das Wahlergebnis vom Frühjahr 1981 zeigte, verfing diese Art, den Wählern vorzuführen, die DKP habe »nichts bewirkt«, nicht.

Neben dem militanten Antikommunismus setzte die SPD vor allem im Wahlkampf 1981 darauf, daß durch die Kandidatur der GRÜNEN die DKP entscheidend geschwächt würde. Eine unter SPD-Federführung erstellte Analyse des Marburger Bundestagswahlergebnisses 1980 kam zu folgenden Aussagen: »Schon bei der Wahlanalyse zur Landtagswahl 1978 wurde festgestellt, daß die GRÜNEN (GLH) von den Verlusten der DKP profitiert haben. Eine Einzelbetrachtung der Hochburgen der DKP zeigt, daß teilweise beträchtliche Verluste der DKP dazu geführt haben, daß in diesen Wahlbezirken auch die Grünen ihre besten Ergebnisse erzielt haben ... Bei der Bundestagswahl 1980 sind die Hochburgen der DKP und der Grünen identisch. Insofern kann es als offen betrachtet werden, wie sich die Wähler, die bislang nur bei den Kommunalwahlen DKP gewählt haben, verhalten. Würde man davon ausgehen, daß die DKP und die Grünen ihr bei der Bundestagswahl 1980 erreichtes Erststimmenergebnis in gleicher Weise 1981 ausbauen könnten, würde die DKP nur einen Stimmenanteil von 4,5 % bis 5,1 % erhalten. Die Grünen kämen dann auf ein Ergebnis von 7,5 % bis 9 %.«[11]

Das Wahlergebnis des 22. März 1981 ließ diese Blütenträume verwelken: Die DKP erreichte 8,1 Prozent, die GRÜNEN 5,9 Prozent; die CDU verlor zwei Mandate, die SPD eines. Ein Ergebnis, daß den Marburger SPD-Oberbürgermeister Drechsler noch am Wahlabend zu der Aussage brachte, daß die SPD künftig wieder im Bündnis mit der FDP unter Einbeziehung der Grünen die Geschicke Marburgs bestimmen wolle. Wie er das meinte, verdeutlichte er rund zwei Monate später: »Gerade wir Kommunalpolitiker sollten in erster Linie Demokraten sein und dann erst Sozialdemokraten, Christdemokraten, Freidemokraten und Grüne ... Meine Hoffnung: der neue Haushalt (1982) wird mit 54:5 (DKP-)Stimmen verabschiedet werden.«[12]

Die Hoffnung der SPD-Führung besteht also keineswegs nur in der Hoffnung auf eine sogenannte »Mitte-Links-Koalition« aus den 22 SPD-, 3 FDP- und 4 Stimmen der Fraktion der Grünen. Die Hoffnung besteht unter Einrechnung der CDU, eine Ausgrenzungspolitik gegenüber der DKP zu betreiben. Dafür spricht auch die öffentliche Äußerung des Vorsitzenden des Marburger SPD-Stadtverbandes in Richtung auf die CDU, es sei »töricht, in der Phase einer denkbaren politischen Neuorientierung in Marburg die Teller zu zerschlagen, aus denen man noch gemeinsam essen müsse, dies vor allem noch bevor es zu abschließenden Entscheidungen über den neuen Kurs gekommen sei.«[13]

Die Fortsetzung der antikommunistischen Ausgrenzungspolitik wurde von SPD und CDU nach der 81er Wahl gemeinsam fortgesetzt, wie sich an der Reduzierung der Zahl der ehrenamtlichen Magistratsmitglieder zeigte, mit der DKP und Grünen der rechtlich zustehende Sitz im Magistrat verweigert wurde. Der Antikommunismus traf damit auch die Fraktion der Grünen. Zurecht protestierten DKP und Grüne gegen diese Maßnahmen. Es bleibt abzuwarten, ob die Grünen mit der Klage, die sie gegen die Hauptsatzungsänderung eingelegt haben, vor dem bürgerlichen Gericht durchkommen.

Die Gefahr einer Neuauflage der Großen Koalition in Marburg ist noch nicht gebannt, wie aus den hier zitierten SPD-Äußerungen hervorgeht. Als mit der Magistratsmanipulation die erste Entscheidung des neugewählten Stadtparlaments in trauter Zweisamkeit von CDU und SPD getroffen werden sollte, ergriff deshalb die DKP-Fraktion die Initiative zu gemeinsamer außerparlamentarischer Aktion gegen eine mögliche Neuauflage der Großen Koalition. Zwar kamen Jungsozialisten, Jungdemokraten, einige SPD-Funktionäre, Vertreter der Fraktion der Grünen und einige Bürgerinitiativvertreter zusammen, um die Lage einzuschätzen – zu einer gemeinsamen Aktion kam es nicht. Die Jusos befürchteten bei gemeinsamer Aktion mit der DKP Pressionen ihrer Partei, die Grünen zogen daraufhin ebenfalls nicht mit. Jede Gruppe führte so eigenständig Aktionen durch. Die DKP ihrerseits unterstützte eine Protestaktion Marburger Bürger in der Sitzung des Stadtparlaments, in der der Manipulationsbeschluß gefaßt werden sollte. Als der Stadtverordnetenvorsteher den Sitzungssaal daraufhin durch die Polizei räumen ließ, verließen die Fraktionen der DKP und der Grünen den Saal, um so zu demonstrieren, daß sie nicht gewillt waren, einer Verletzung der demokratischen Rechte, einer an sich öffentlichen Sitzung unter Polizeidrohung, beizuwohnen.

»Die Grünen sind eine unbekannte Größe. Wir wissen nicht: Kann man ihnen trauen?« fragte die SPD-Fraktionsvorsitzende nach diesen Vorfällen aber auch, nachdem die SPD-Fraktionsführung und die FDP-Spitze eine Reihe von Gesprächen mit der Fraktion der Grünen über eine mögliche Zusammenarbeit geführt hatten. Gewissermaßen als Vertrauensvorschuß überließ die SPD den Grünen den Vorsitz im Bauausschuß der Stadtverordnetenversammlung, eine Tatsache, die bei nicht wenigen Wählern die Frage hervorrief, ob jetzt die Grünen »eingekauft« würden. Die Erfahrungen mit der neuen Kräftekonstellation im Marburger

Stadtparlament sind noch zu jung, um abschließend diese Frage und die weitere Perspektive beurteilen zu können.

Es gibt Ansätze einer Konsultation und von Absprachen zwischen DKP und der Fraktion der Grünen. So einigten sich beide darauf, für die Wahl der Betriebskommission der Stadtwerke gegenseitig ihrer Kandidaten zu unterstützen, wodurch jede Fraktion einen Vertreter in dieser wichtigen Kommission erhielt.

Andererseits wurde ein DKP-Antrag auf Bildung eines Parlaments-Ausschusses für Umweltfragen gemeinsam von CDU, SPD, FDP und Grünen abgelehnt, nachdem die Fraktion der Grünen gegen den Antrag gesprochen hatte.

In den Gesprächen zwischen DKP und Grünen wurde von den Abgeordneten der Grünen der Vorwurf erhoben, die DKP habe einen aggressiven Wahlkampf gegen die Grünen geführt, wodurch auch nach der Wahl erhebliche Vorbehalte gegen eine Zusammenarbeit mit der DKP auf seiten der Grünen bestünden. Vor allem bezogen sich die Grünen dabei auf eine Erklärung des DKP-Kreisvorstandes Marburg vor der Wahl zur Kandidatur der Grünen. Darin war festgestellt worden: »Bei den Europa-Wahlen, vor fast zwei Jahren, haben die Grünen in Marburg zum erstenmal kandidiert. In dieser Zeit gab es zuweilen eine Presseerklärung von ihnen, es gab bei den Bundestagswahlen eine erneute Kandidatur und die Aufstellung einer Liste zu den Kommunalwahlen am 22. März. 'Basisdemokratische' Aktivitäten, Teilnahme am außerparlamentarischen Kampf oder praktische Hilfe bei Sorgen der Bevölkerung ließ sich nicht feststellen. Zu so erheblichen örtlichen Problemen wie der Horten-Schließung, der Gaspreiserhöhung oder dem Giftskandal in Stadtallendorf hörte und sah man nicht von den Grünen. Auch bei Auseinandersetzungen mit den Neo-Nazis suchte man die Grünen vergeblich ... Man sieht und hört die Grünen immer kurz vor den Wahlen. Ein Nutzen für die Marburger Angestellten, die Arbeiter oder die Studenten und Schüler läßt sich aus ihrer Wahlkampfaktivität nicht ableiten ... Unabhängig von Wünschen und Wollen der Mitglieder und Anhänger der Grünen machen sich andere über ihre Kandidatur Gedanken. Funktionäre der SPD spekulieren über eine Schwächung der DKP und mögliche Koalitionen mit den Grünen.«[14]

Diese DKP-Erklärung war von der Sorge getragen, daß eine Kandidatur der Grünen in Marburg zu einer Schwächung bereits erreichter Parlamentspositionen der linken, der gesamten demokratischen Bewegung führen könne: »Im Marburger Stadtparlament gibt es eine linke, oppositionelle Fraktion: die DKP. Sie ist mit sechs Mandaten vertreten. Mitglieder wie Wähler der DKP sind Teil der Linken, Teil der demokratischen Bewegung der Bundesrepublik . . . Diese DKP-Fraktion ist hart umkämpft. Gegen sie wurde die große Koalition zusammengeschoben. Gegen sie und das Interesse ihrer Wähler wurde die Geschäftsordnung des Stadtparlaments geändert und die parlamentarische Diskussion beschnitten. Erst kürzlich versuchte man zwei der DKP-Stadtverordneten durch einen Prozeß zu kriminalisieren, ihr Engagement gegen die Neo-Nazis unter Strafe zu stellen. Auch das drohende Berufsverbot gegen den DKP-Abgeordneten Herbert Bastian ist Teil der Kampagne gegen die Linke in Marburg. Vom Feuerwehrhaus für Ockershausen über die Knastbesetzung und die Hausbesetzung an der Weidenhäuser Straße bis zum Kampf gegen die atomare Bedrohung: all das, was die Marburger Demokraten, die Linke fordert, wird von ihrem Stützpunkt im Parlament, der DKP, eingebracht.

Wer die Linke stärken will, der muß einmal errungene Positionen verteidigen. Nicht die Zersplitterung in zwei oder mehr Oppositionsparteien dient der gemeinsamen Sache der Linken. Ihr dient nur die Einheit. Diese Einheit in der Aktion wurde und wird von der DKP gewünscht. Ob Sozialdemokraten, Grüne oder Initiativen: für die Interessen der Bevölkerung war und ist die DKP zur Zusammenarbeit bereit . . .

In Marburg gibt es ein Klima lebendiger Demokratie. Nicht alles was sich die Konzerne und ihre Parteien wünschten, konnte in Marburg durchgesetzt werden. Jeder Angriff auf die demokratischen Rechte, die studentische Bewegung, die gewachsene Struktur der Stadt ist von heftiger Gegenwehr begleitet. So manches Wahnsinnsprojekt . . . konnte gestoppt werden.

Zu diesem besonderen Klima hat die Arbeit der DKP und ihrer Stadtverordneten wesentlich beigetragen. Die DKP ist Opposition und Alternative zum herrschenden System. Sie beschränkt ihre Tätigkeit nicht auf Wahlkämpfe. Sie verbindet Bewegungen in den Betrieben, Wohnvierteln, an der Universität mit der Opposition im Stadtparlament. Sie war und ist den Marburgern nützlich. Sie hat bewiesen, daß sie vorurteilsfrei mit allen Kräften zusammenarbeitet, die den Interessen der Mehrheit der Bevölkerung dienlich sind.«[15]

Aus dieser Erklärung wurde von manchem abgeleitet, die DKP wolle die Kandidatur der Grünen verhindern. Die Überlegungen hinsichtlich der möglichen Zersplitterung der Linken in zwei oder mehr Oppositionsparteien wurden nicht geteilt. Es konnte nicht bewiesen werden, ob nicht das Zusammenwerfen von Stimmen für die DKP und die Grünen für die bereits vorhandene Alternativ-Position im Parlament, diese Opposition noch stärker gemacht hätte. Es gibt auch bis heute in der Bundesrepublik noch kein Beispiel dafür, daß die DKP zugunsten einer anderen bereits im Parlament vertretenen demokratischen Opposition votiert hätte. Denkbar und vielleicht zukünftig praktizierbar ist auch diese Variante von Wahlabsprachen über die Unterstützung der Kandidaten des einen Bündnispartners durch den anderen Bündnispartner.[16]

4. Chancen und Möglichkeiten alternativer Stadtpolitik

Jede alternative Stadtpolitik wird sich darauf besinnen müssen, mit welchen Kräften zusammen der außerparlamentarische Kampf als auch die Arbeit im Parlament, sowohl kurzfristig als auch vor allem auf lange Sicht, zu Erfolgen geführt werden kann. Die Erfahrungen der Marburger DKP-Fraktion vor allem mit der SPD, die Erfahrungen aber auch mit all den hier beschriebenen Manipulationen und Pressionen gegen die DKP seitens der geschlossenen Front der etablierten Parteien, sind Erfahrungen, die jedem begegnen, der versucht, alternative Kommunalpolitik zu machen; der versucht, sich alternativ zu den Bonner Parteien zu verhalten. Wie hier beschrieben, wirkt der Antikommunismus dieser Parteien, der zu undemokratischen Maßnahmen gegen die DKP führt, auch gegen andere oppositionelle Gruppen, ja selbst gegen oppositionelle oder kritische Positionen in den Reihen der etablierten Parteien.

Die Verringerung der Zahl der ehrenamtlichen Magistratssitze traf auch die Grünen; die Beschneidungen des Rede- und Antragrechts im Parlament trifft in erster Linie die alternative Opposition; die Große Koalition engt entscheidend die Ansätze sozialdemokratischer Reformpositionen ein.

Aus diesen Erfahrungen heraus halten wir es für unumgänglich, daß alternative Stadtpolitik sich nicht dem Antikommunismus der etablierten Parteien anschließen darf, weil dieser letztlich eben nicht nur die Kommunisten trifft.

Uns Kommunisten leitet – auch in der Kommunalpolitik und in der Parlamentsarbeit – keine andere Absicht, als die Kampfpositionen der Arbeiterklasse zu stärken. Die entscheidende gesellschaftliche Kraft ist die Arbeiterklasse: Das ist die aus allen Volkskämpfen erhärtete Erfahrung. Die Arbeiterklasse bildet die große Mehrheit der Bevölkerung. Sie ist der hauptsächliche Schöpfer aller Werte. Wir halten es deshalb für verhängnisvoll, die Arbeiterklasse und demokratische Volksbewegungen einander entgegenzustellen.

Diese grundsätzliche Auffassung und Überzeugung läßt uns trotz aller negativen Erfahrungen mit der SPD an unserer prinzipiellen Orientierung auf die Aktionseinheit von Sozialdemokraten und Kommunisten festhalten. Es wäre verhängnisvoll, die unter sozialdemokratischem Einfluß stehenden Arbeiter rechts liegen zu lassen. Wie beschrieben, kann das Wirken der DKP innerhalb und außerhalb des Parlaments sozialdemokratisch orientierten Bürgern die Schädlichkeit rechts-sozialdemokratischer Politik vor Augen führen, ihnen die Möglichkeiten verbessern, auf positive Veränderungen innerhalb der SPD zu drängen.

Hier kann nur stichwortartig darauf eingegangen werden, wie sich in den letzten Jahren das politische Klima in Marburg in Richtung auf breitere Kampfmöglichkeiten und Kämpfe der arbeitenden Menschen und der Jugend verbessert hat. Die Tatsache, daß die SPD nach der jüngsten Kommunalwahl nicht ohne weiteres die langjährige Große Koalition fortsetzen konnte, sondern nach neuen Mehrheiten suchen muß, ist aktuell beredetster Ausdruck dafür. Auch in den Gewerkschaften ist die Hinwendung zu kommunalpolitischen Themen und Forderungen gewachsen. Vor allem jedoch die praktizierte Aktionseinheit von Sozialdemokraten und Kommunisten, breite demokratische Bündnisse, wie zum Beispiel für die Errichtung eines überbetrieblichen Ausbildungszentrums mit einer Beratungsstelle für arbeitslose Jugendliche, wie gegen Berufsverbote, wie gegen Ausländerfeindlichkeit, wie für ein Frauenhaus, wie gegen Tariferhöhungen kommunaler Preise und Gebühren, zeigen die Chancen der alternativen Stadtpolitik. Wenn Gewerkschafter und Betriebsräte – nicht unwesentlich dank der Mitwirkung der DKP – in demokratischen Bündnissen und in Bürgerinitiativen eine aktive Rolle spielen, dann verbessert das die Möglichkeiten alternativer Kommunalpolitik entscheidend.

Mit dieser Grundorientierung auf die Arbeiterklasse und ihre Interessen möchten wir Kommunisten den Entwicklungsmöglichkeiten alternativer Stadtpolitik, zusammen mit Grünen, mit Sozialdemokraten und Liberalen, mit Bürgerinitiativen und Gewerkschaften, optimistisch entgegensehen. Dieser Optimismus ist nicht zuletzt berechtigt aus der Tatsache, daß in Marburg – wesentlich auch durch die langjährige Vertretung der DKP im Stadtparlament – ein Klima geschaffen werden konnte, in dem sich 14 Prozent der Wähler gegen die etablierten Parteien entschieden haben.

[1] Einblick, Sozialdemokratisches Mitgliedermagazin, Nr. 3, November 1973, S. 23

[2] Ausführlicher zum Kampf der Bürger mit der DKP gegen die Marburger Gaspreiserhöhungen kann sich der Leser informieren *in:* Thiele, Grete (Hrsg.), Kommunalpolitik – Gegenwart und Perspektive, Aufsatz von Stang, Ulli, »Wie arbeiten Kommunisten im Parlament?«, Verlag Marxistische Blätter, Frankfurt/M., 1980, S. 116 ff.

[3] Vgl. auch: Gerns, Willi, und Steigerwald, Robert, Probleme der Strategie des antimonopolistischen Kampfes, Verlag Marxistische Blätter, Frankfurt/M., 1977, S. 153 ff.

[4] Offener Brief der DKP Marburg und der DKP-Stadtverordnetenfraktion an die sozialdemokratische Stadtverordnetenfraktion vom 28. 3. 1977, *in:* Marburger Echo, 2. 4. 1977

[5] Oberhessische Presse, Marburg, Nr. 105, 6. 5. 1977, S. 6

[6] Vgl. Haushaltsrede der DKP-Fraktion in der Marburger Stadtverordnetenversammlung, *in:* Niederschrift der Sitzung der Stadtverordnetenversammlung Marburg am 14. 12. 1979

[7] Ebenda

[8] Vgl. auch Thiele, Grete (Hrsg.), a.a.O., S. 122

[9] Haushaltsrede der DKP-Fraktion Marburg am 14. 12. 1979, A.A.O.

[10] Programm der Deutschen Kommunistischen Partei, *in:* Protokoll des Mannheimer Parteitages der DKP, 20.–22. Okt. 1978, S. 245 f.

[11] Analyse der Wahlergebnisse in der Stadt Marburg der Bundestagswahl vom 5. Okt. 1980, Wahlamt Marburg, 13. 10. 1980, hekt.

[12] Drechsler, *in:* Oberhessische Presse, Marburg, 30. 5. 1981

[13] Drusel, *in:* Oberhessische Presse, Marburg, 23. 5. 1981

[14] Erklärung des Kreisvorstandes der DKP Marburg-Biedenkopf, »Die ›Grünen‹ kandidieren in Marburg – Wem nützt das? Wem schadet es?«, *in:* Marburger Echo, Nr. 4, 28. 2. 1981

[15] Ebenda

[17] Vgl. auch: Bericht des Parteivorstandes der DKP an den 6. Parteitag, Hannover 1981, S. 74

*Winfried Kretschmann**

Die GRÜNEN im Landtag von Baden-Württemberg

Bemerkungen nach einem Jahr

Ausgangssituation

Die GRÜNEN erhielten bei der Landtagswahl im März 1980 5,3% der Stimmen und zogen mit sechs Abgeordneten in den Landtag von Baden-Württemberg ein (CDU 68, SPD 40, FDP 10 Sitze).

Auf die Analyse dieses Erfolgs möchte ich hier verzichten. Der Erfolg ist natürlich relativ – 5% sind drei Minuten von einer Stunde (Hasenclever).

Neben unseren programmatischen Zielen findet unsere Parlamentsarbeit unter vier Voraussetzungen statt, die sich von den Gegebenheiten der anderen grün/alternativen Landtagsfraktionen in Bremen und Berlin bzw. Vertretern in Kommunalparlamenten unterscheiden:

1. Die *CDU* verfügt über eine satte absolute Mehrheit und stellt allein die Regierung. Dies ist entscheidend für die Durchsetzbarkeit unserer Ziele durch die Parlamentsarbeit.
2. Baden-Württemberg ist ein *Flächenstaat*. Dies ist bedeutend für die Organisierung, den Arbeitsstil und Entscheidungswege der Landtagsgruppe – Stichwort Basisdemokratie.
3. Die Landespartei als Ganzes hat faktisch keinen Einfluß auf die *Zusammensetzung ihrer Vertreter im Landtag*. Dies hängt mit dem Wahlsystem zusammen:[1] Über die personelle Zusammensetzung des Landtags entscheiden allein die Kreisverbände der Parteien. Dies ist wichtig für die Zusammenarbeit innerhalb der Landtagsgruppe.

* W. Kretschmann ist Mitglied der Partei Die Grünen in Baden-Württemberg.

4. Nach der Geschäftsordnung können erst acht Abgeordnete eine Fraktion bilden. Für uns wurde ein *Gruppenstatus* in die GO eingeführt, den wir wohl aufgrund der günstigen politischen Wetterlage, einer doch recht tief verwurzelten liberaldemokratischen Tradition im Südweststaat (auch bei der CDU) und der umsichtigen und soliden Verhandlungsarbeit W.D. Hasenclevers zugestanden bekamen. Wir genießen danach praktisch alle wesentlichen parlamentarischen Rechte einer Fraktion und sind in allen wichtigen Ausschüssen und im Ältestenrat mit einem Mann/Frau vertreten (wie die FDP).

Alternativer Anspruch

Wir sind mit dem *Anspruch* angetreten, die *Alternative* zu den Alt-Parteien zu sein. Sowohl dem Inhalt nach – ökologisch und sozial, als auch der Form nach – basisdemokratisch, dezentral und gewaltfrei. Untersucht man das Programm der GRÜNEN Baden-Württembergs, so können sie diesen Anspruch in den Zielen durchaus behaupten. Nur – die alternative Programmatik bewegt sich auf sehr weiten Strecken im Allgemeinen. So geht z.B. die Erläuterung des zentralen Begriffs »Ökologische Kreislaufwirtschaft« im Programm über Allgemeinplätze (Naturverträglichkeit, Recycling, Ausbeutungsvermeidung) nicht hinaus. Gänzlich fehlen ordnungspolitische Vorstellungen in diesem Zusammenhang z.B. Eigentums-, Verfügungs- und Planungsformen der Produktion. So wird etwa im Bereich Landwirtschaft zwar etwas zur Art der Produktion ausgeführt – nämlich Propagierung des ökologischen Landbaus, aber so gut wie nichts zu agrarpolitischen Problemen.[2]

Es geht damit aus dem Programm zwar klar hervor, daß die GRÜNEN gegen Käfighaltung von Hühnern und für Bodenhaltung sind, nicht aber, wie verhindert werden kann, daß bis zum Jahr 2000 aufgrund der gegenwärtigen EG-Politik nochmals 100 000 Kleinbauern ihren Hof aufgeben müssen, die gerade mit die Voraussetzung für ökologisch orientierten Landbau wären.

Noch allgemeiner liest sich das Programm in den Bereichen Bildungs-, Sozial- und Finanzpolitik. Am besten sieht es bei der Energie-Politik aus. Wenn man politisch ernst genommen werden will, muß man aber einigermaßen konkrete Vorstellungen entwickeln. Diese programmatischen Defizite stellt die Landtagsgruppe vor ein ganz erhebliches Problem: Vieles von dem, was sie im Landtag vertritt, ist programmatisch kaum abgesichert.

Dies kann leicht dazu führen, daß sich die Landtagsgruppe von der Partei entfernt. Aktueller ist die Gefahr, daß dadurch die hergebrachte Stellvertreterpolitik auch bei uns sich etabliert nach dem Motto: Die werden es schon machen. Bei den anderen Parteien kann man beobachten, wo das endet: Was *die da oben* machen?! Zugleich wird hier die Chance parlamentarischer Arbeit deutlich: Sie macht Druck in Richtung auf konzeptionell-praktisches Denken. Dies gilt nicht nur für die jeweilige Parlaments-Fraktion, sondern insgesamt für eine Partei mit parlamentarischer Vertretung. Wir müssen also noch mehr als bisher die Kunst entwickeln, programmatische Forderungen zu entwickeln, die zwischen der schlechten Realität und der guten Utopie Brücken schlagen.

Was kann man parlamentarisch durchsetzen?

Unsere Ausgangssituation dürfte klarmachen, daß wir direkt auf parlamentarischem Wege keine unserer wesentlichen Forderungen durchsetzen können. Andererseits können wir uns bei unseren hohen Ansprüchen auf die Dauer nicht mit Klein-Klein-Erfolgen zufriedengeben. Solche sind bei entsprechendem Druck durch eine Bewegung (z.B. Offenlegung der Katastrophenschutzpläne von AKWs) oder die öffentliche Meinung (kostenlose Untersuchung von Muttermilch, Verbot von Unkrautbekämpfungsmittel an Straßen, öffentlichen Plätzen u.ä.) oder durch »Einsicht der Regierenden«. (Einführung eines Studiengangs Puppenspieler) ab und zu möglich.

Sicher hat sich auch atmosphärisch einiges im Landtag geändert, ökologische Themen etablieren sich im Parlament, wenn auch meist erst nur verbal. Letztlich darf man sich aber keinen Illusionen hingeben. Das Parlament ist heruntergekommen. Fensterreden und Scheinvorgänge bestimmen das Alltagsbild. Die Länge der Redezeiten zwischen großen und kleinen Parteien ist ein Dauerbrenner, obwohl den Rednern in der Regel kaum jemand zuhört (außer den Stenographen), schon gar nicht mit innerer Anteilnahme. So bewegt sich dann erstaunlicherweise das Gewissen der

Abgeordneten immer innerhalb der Fraktionsgrenzen.

Die Regierungsmitglieder stellen mehr Abgeordnete als FDP und GRÜNE zusammen. Wenn jeder Minister und Staatssekretär noch ein bis zwei Spezis in der CDU-Fraktion hat – wovon man ausgehen kann – hat sich die Gewaltenteilung in Weihrauch aufgelöst.

Kurz und gut, man kann sein Parlamentsdasein immer irgendwie glorifizieren: Fundamentalopposition, Arm der Außerparlamentarischen Bewegung, Informationsbeschaffung für die Basis u.a.m. Wenn man die Welt umkrempeln will, langt all dies kaum: Wer die Verhältnisse ändern will, muß ein Verhältnis zur Macht entwickeln. Dieser Aufgabe werden sich die GRÜNEN und Alternativen stellen müssen. Alles andere halte ich für unpolitisch. So wie der Beschluß der AL West-Berlin, keine Koalitionen einzugehen. Da muß sich doch jeder an den Kopf fassen. Wozu macht die AL dann so ein dickes Programm? Für den St. Nimmerleinstag oder den großen historischen alternativen Sonntag, wo die AL 51% bekommen hat? Politisch und wohl auch für das gemeine Volk verständlich wäre es gewesen, mit wichtigen, klug gewählten Forderungen ein Angebot an Vogel zu machen. Dann hätte er sicher von einem wachsenden Teil seiner Basis Zunder bekommen. Aber so? Selbstverständlich ist es gefährlich für die eigene grün/alternative Weste, sich mit der Macht einzulassen. Nur: Wer sich nicht in Gefahr begibt, kommt darin um.

Die GRÜNEN – eine Partei links von der SPD?

Von vornherein haben wir keinerlei Berührungsängste und Liebschaften zu irgendeiner anderen Partei entwickelt. Zwar haben wir weit häufiger mit der SPD und FDP gestimmt als mit der CDU. Wenn wir in Hessen säßen, wär's wahrscheinlich umgekehrt.

Interessanter ist, daß unsere eigenen Initiativen meist von allen anderen abgelehnt wurde, wie z.B. die Diätenerniedrigung, Erleichterung von Bürgerentscheiden oder Kürzung des Etats des Verfassungsschutzes.

Einzelne Verbündete haben wir inzwischen in allen Fraktionen und zu vielen Kollegen ein gutes Verhältnis. Dies hängt sicher auch mit dem »sanften Weg« in der Auseinandersetzung mit den anderen zusammen: Verzicht auf Polemik und agressiven Redestil. Die Teilnahme an der Platzbesetzung in Gorleben, bei der Brokdorf-Demonstration oder der Besuch von besetzten Häusern läßt die anderen Kollegen aber immer wieder auf Distanz gehen: wir sind sozusagen die unehelichen Kinder des Parlaments.

Natürlich sind solche radikaldemokratischen Aktionen und Positionen unverzichtbar. Die Stärke solcher Positionen steht und fällt aber mit einer strikten Einbindung in das Prinzip der Gewaltfreiheit, als einer authentischen Grundlage grüner Politik.

Überhaupt haben die GRÜNEN und Alternativen längerfristig nur eine Chance, wenn sie *authentische Positionen* entwickeln (z.B. ökologische Ökonomie) und ausbauen (z.B. Friedenspolitik, Dezentralität). Eine Partei links von der SPD ist eine Partei (historisch) hinter der SPD (Bahro) genauso wie eine allein wertkonservative grüne Partei Gruhl'scher Vorstellung eine Partei hinter der CDU ist.

Ein Journalist schrieb letztens in einem Artikel »Ein Jahr GRÜNE im Landtag«, daß es schwierig sei, uns in das Rechts-Links-Schema einzuordnen. So haben wir es uns auch gewünscht.

Unsere erklärte Strategie ist es, auf jeden Fall ins Lager und in die Besitzstände der CDU einzubrechen. Nach über einem Jahr vieler Veranstaltungen im ganzen Land wird auch mehr und mehr deutlich, daß wir gerade bei der ländlichen Bevölkerung noch große »stille« Reserven besitzen. Der CDU 53% lassen und sich mit der SPD und FDP um den Rest kloppen, ist wenig reizvoll angesichts der sich anbahnenden ökologischen und ökonomischen Krisen und der wachsenden Kriegsgefahr.

Warum reizt es trotzdem so viele GRÜNE und Alternative?

Lieber ein CDU-Mitglied auf dem Krefelder Appell als 100 DKP-Mitglieder, denn letztere untergraben mit ihrer Blindheit auf dem östlichen Auge nur dessen Glaubwürdigkeit. Aber keine Frage, ersterer ist schwerer dafür zu gewinnen.

Basisdemokratie

Den meisten Menschen steht (im Kapitalismus?) der Sinn nicht nach Politik (Marx), viel weniger noch nach aktiver, gewiß aber nur ganz wenigen Polit-Mackern nach dauernder »freier gewerkschaftlicher und politischer Betätigung«.

Dies ist wohl der eigentliche Grund dafür, daß sich die hehren

Prinzipien der Basisdemokratie dauernd mit der Wirklichkeit reiben. Das Schönste an den schlecht besuchten Veranstaltungen und Sitzungen ist immer die tiefschürfende Entschuldigungssuche für das Fehlen der Massen, insbesondere aus der Arbeiterklasse. Obwohl unsere Veranstaltungen im Gegensatz zu denen anderer Parteien und Fraktionen durchaus *relativ* gut besucht sind.

Trotzdem träumen immer noch viele den Kader-Traum vom imperativen Mandat. Ganz abgesehen davon, daß dieses politische Prinzip den Mut und die Kreativität von Mandatsträgern und Funktionären nicht gerade beflügeln dürfte und graue Mäuse in die Pöstchen spült, die ihr Fähnchen immer geschickt nach der herrschenden Strömung hängen.

In einem Flächenstaat ist es sowieso nicht möglich, laufend irgendwelche Treffs und Sitzungen zu besuchen, um jeden Schritt der Mandatsträger zu reglementieren. Aber auch in einer Stadt entwickeln laufende Sitzungen der Basisgremien einen starken Selektionsdruck: Wer regelmäßig arbeitet oder gar noch Mann/Frau und Kinder liebt, den wird man schnell mit der Lupe suchen müssen. Wenige, aber einigermaßen vorbereitete Sitzungen sind weit demokratischer, weil sich dort mehr Leute fundierter in wichtige Fragen einmischen können.

Es ist demokratischer, wenn 200 Delegierte zeitlich einigermaßen vernünftig debattieren können, als wenn auf einer Mitgliederversammlung von 3000 Mitgliedern sich die Redezeit auf drei Minuten Blabas beschränkt.

Gut bewährt als Verbindungsglieder zwischen Partei und Landtagsgruppe haben sich die Arbeitskreise, die wir entlang den Arbeitsfeldern der Ausschüsse des Landtags eingerichtet haben. Nur wer kontinuierlich mitarbeitet, ist dort beliebt. Die ideologischen Rosinenpicker von MV's und Parteitagen fehlen dort typischerweise und Gott sei Dank. Trotzdem: Etwas mehr und härterer Zoff von der Parteibasis täte uns schon gut.

Was uns eher überrascht ist, wie viele einzelne Bürger, Basisinitiativen und Vertreter von Organisationen sich an uns wenden. Wir sind kaum in der Lage, die Flut von Bitten, Vorschlägen und Terminen zu bewältigen. Das Parlament als Tribüne der eigenen Vorstellungen zu benutzen, bringt weniger, als auch ich selbst vermutet habe. Viel entscheidender ist es, daß man mit vielen ins Gespräch kommt, die man ohne das MdL hintern Namen nie zu Gesicht und Gehör bekäme: Sei es die vereinigte Linke einer

Stadt, ein Bauernstammtisch, eine Schulklasse, ein Abend mit dem Lion's Club oder ein Seminar mit Jusos oder jüngeren Unternehmern (alles Realbeispiele!). Wenn man nicht die Strategie vertritt, aus 100%igen Atomkraftgegnern 120%ige zu machen, sondern aus 60%igen Befürwortern 51%ige Gegner, ist dies ein unschätzbarer Vorteil. Hieran steckt aber zugleich auch das Dilemma eines Parlamentariers: Wenn ich jeden Abend woanders rede, wann soll ich dann noch (nach)denken? Ganz zu schweigen davon, daß meine Kinder dann bald Onkel zu mir sagen.

---

[1] Es gibt in Baden-Württemberg keine Landesliste. Der Wähler hat nur eine Stimme, die er seinem Wahlkreisabgeordneten geben kann. Diejenigen Kandidaten sind begünstigt, die in einem großen Wahlkreis kandidieren, der zu einem bevölkerungsreichen Regierungsbezirk gehört. Dieser Tatsache habe ich mein Mandat zu verdanken, nicht aber einem besonders guten Wahlergebnis (6%). So hatte z.B. Willi Hoss, Betriebsrat bei Daimler-Benz 6,7%. Er hatte aber 37 Stimmen weniger, so daß die Gruppe statt über 15% aus Arbeitern nun zu 50% aus Lehrern besteht.

Gerhard Bialas und Heidi Haug*

Aktion Gläsernes Rathaus

1. Zwischenbilanz nach fünf Jahren

Unter dem Slogan »Aktion Gläsernes Rathaus – damit man draußen sieht, was drinnen vorgeht« kandidierten 1975 zum erstenmal nach 20 Jahren wieder Kommunisten für den Tübinger Gemeinderat. In der 900 Jahre alten Stadt, bekannt und dominiert durch die – früher und offiziell nach seinem Begründer Eberhard Karl, württembergischer Herzog im 15. Jahrhundert, benannt, heute von den Studenten nach dem vor wenigen Jahren verstorbenen Tübinger Philosophen Ernst Bloch getauft – Universität, wurde eine Tradition fortgesetzt, die zweima jäh unterbrochen wurde: zum erstenmal 1933, als der kommunistische Stadtrat Hugo Benzinger von den Nazis entfernt wurde und 1953, als das Verbot der KPD die kommunalpolitische Arbeit von Stadtrat Ferdinand Zeeb beendete. 7,3 Prozent der Tübinger Wähler schlossen sich der Aktion gegen »Vetterleswirtschaft«, Abrißwahn und Stellvertreterpolitik an und beauftragten damit die beiden DKP-Stadträte Gerhard Bialas (Gärtner und Personalrat an der Uni) und Harald Schwaderer (Lehrer, vom Berufsverbot schikaniert), die Vorgänge im Rathaus transparent und kontrollierbar zu machen, den Menschen und nicht Bau-Beton-Interessen zum Maß aller Dinge zu erheben, Tübingen bewohn- und nicht befahrbar zu machen, soziale Interessen gegen die Finanzverschwendung für Straßenbau, Subventionen und Diäten zu setzen.

Bürgerinitiativen entstehen

Öffentlichkeit und Mitwirkung der Bürger – das war (und ist) das einzige Versprechen, das die Tübinger Kommunisten vor der

---

* G. Bialas und H. Haug sind Mitglieder der Deutschen Kommunistischen Partei (DKP) in Tübingen

Wahl abgaben. Die andern sechs Punkte im Wahlprogramm von Stadtsanierung bis zu den Betrieben enthalten Vorschläge, die durch Aktivität und Initiative der Bürger Realität werden können. Was Kommunisten im Parlament erreichen, ist Ergebnis und Erfolg des Engagements Tübinger Bürger. Was erreicht wurde, ist nicht wenig.

In dieser ersten Periode kommunistischer Gemeinderatspolitik entwickelten sich Bürgerinitiativen in bisher ungekanntem Ausmaß. In Leserbriefen und mit Geldspenden erregten sich Tübinger über den geplanten Abriß eines alten Gebäudes am Neckarufer, das heute renoviert und Residenz der Volkshochschule ist. Der Streit um ein altes Jugendstilgebäude (Abrißpläne mußte die Stadt zurücknehmen) und um die Errichtung eines Kaufhaus-Klotzes inmitten alter, mit der Pinzette herausgeputzter Fachwerkhäuser schwelt bis heute und ist trotz eines erfolgreichen Bürgerbegehrens mit 8000 Unterschriften nicht entschieden. Gegen die Abrißwüteriche im Rathaus gründete sich eine noch heute aktive Bürgerinitiative, die die größte kommunalpolitische Auseinandersetzung um ein riesiges Straßenprojekt gegen die Front der Stadtverwaltung, CDU/Freie Wähler/SPD/FDP-Fraktionen gewann.

Kommunalpolitik und Arbeiterinteressen

Tübingen ist keine Arbeiterstadt – jeder 3. Einwohner steht beruflich mit der Universität in Verbindung – und doch ist kommunistische Kommunalpolitik Arbeiterpolitik. Die soziale Lage der in Tübingen Wohnenden, Beschäftigten und Studierenden ist bestimmt durch ihre Abhängigkeit von den ökonomisch und politisch herrschenden Interessen. Sie zählen zu jenen Millionen, deren Meinung nicht gefragt wird, die viel geben (Arbeitskraft, Steuern, Wählerstimmen) aber wenig nehmen (soziale und kulturelle Angebote) dürfen. Kommunistische Politik orientiert sich am Interesse dieser Menschen, die politischen Entscheidungen nicht denen da oben zu überlassen, die soziale Ungleichheit zugunsten der Mehrheit der Bevölkerung aufzuheben.

Die DKP-Stadträte widersprachen, als im Rahmen allgemeiner Sparfehler über 100 Planstellen gegen die Forderungen der städtischen Angestellten und der Gewerkschaften gestrichen wurden. Die zumeist gewerkschaftlich organisierten SPD-Stadträte stimmten zu. Selten wird eine Universitätsstadt wie Tübingen mit Arbeitsentlassungen und Geheimverhandlungen zwischen Wirtschafts- und Stadtbossen konfrontiert. Zu einem lokalen Konflikt entwickelten sich die unveröffentlichten Pläne von AEG, die dem Konzern zugehörige Tübinger Waschmaschinenfabrik Zanker mit rund 900 Beschäftigten zu schließen. Erst nach einer Anfrage der DKP in einer öffentlichen Sitzung des Gemeinderats wurde das Projekt der öffentlichen Kritik ausgesetzt. Die Produktion läuft mit unverminderter Produktionskapazität und Arbeiterzahl noch heute.

Vieles wurde erreicht

Was 1975 noch keiner für möglich hielt, war 79 erzwungen: die Einwohnersteuer, eine Tübinger Spezialität, die jeden Bürger entsprechend der Miethöhe zu einer jährlichen Steuer veranlagte, wurde abgeschafft. Vierjähriger Protest, unzählige Einsprüche, Beratungen der DKP für Befreiungsanträge, und eine Bürgerversammlung zwangen die SPD-Fraktion zum gemeinsamen Abstimmen gegen diese »Kopfsteuer«, die zum Spott der Tübinger auch von Toten verlangt wurde.

Dies sind nur die wichtigsten Aktionen, die das Leben in Tübingen und die Arbeit im Gemeinderat änderten. Die kommunistischen Räte haben die Bewegungen unterstützt, in den Initiativen mitgearbeitet und den wechselseitigen Fluß der Informationen Bürger – Rathaus nie versickern lassen. Keine Information aus dem Rathaus, es sei denn, sie entschlüpfte nicht den unter Ausschluß der Öffentlichkeit und der Kommunisten tagenden Ausschüssen, blieb den Bürgern vorenthalten, keine Forderung und Aktion der Straße blieb im Rathaus unerwähnt. Die DKP-Stadträte beantragten Rederecht für die Vertreter der Bürgerinitiativen, formulierten Forderungen und Beschwerden zu Anträgen.

Vieles blieb unerledigt. Nicht alles, was in 900 Jahren verbockt wurde, können wenige Jahre kommunistische Stadtpolitik wieder ausbügeln. Was zwei gegen den Rest des Rathauses ausrichten können, ist noch lange nicht die Revolution. Aber was sich in der jüngsten Stadtgeschichte Tübingens ereignet hat, hat Zukunft. Mehr Bürger als 1975 empfanden fünf Jahre später, daß es sich lohnt zu kämpfen: Bei der Kommunalwahl 1980 wurde die DKP mit drei Stadträten – die ebenfalls vom Berufsverbot betroffene und als Journalistin arbeitende Heidi Haug wurde neu gewählt – Fraktion. Mit sieben Mandaten zog eine frisch gegründete »Alternative und grüne Liste« (kurz: AL) ins Rathaus ein. Veränderungen auch bei den alten Fraktionen zugunsten einiger Kandidaten, die für ihre Mitwirkung bei den Bürgeraktionen die Sympathie vieler Wähler gewannen, ließen einen starken Oppositionsblock entstehen.

2. Bürgerbewegung und Kommunalwahl 1980

Höhepunkt der Bürgeraktionen war der am 8. Juli 1979, ein Jahr vor den Kommunalwahlen durchgeführte Bürgerentscheid zu einem oben erwähnten Straßenprojekt. Mit drei Gegenstimmen (2 DKP und 1 CDU!) hatte der Gemeinderat den Bau der autobahnähnlichen Nordtangente beschlossen. Dem 100-Millionen-Projekt sollten mehrere Wohnhäuser mit insgesamt 40 Wohnungen und die gewachsene Struktur der Stadt geopfert werden. Zahlreiche alteingesessene Tübinger und interessierte Studenten erarbeiteten sich mit Wissen, Argumenten, Hintergrundinformationen das Vertrauen der Tübinger Bevölkerung. Eine selten demokratische Funktion übernahm die Lokalpresse, das »Schwäbische Tagblatt«. Dem Anliegen der Bürgerinitiative räumte die Lokalredaktion nicht weniger Platz ein als den Vertretern der Gegenseite vom Rathaus. In Kommentaren ergriff mancher Redakteur Partei gegen die Verkehrspolitik, hinter der Verwaltungsspitze und alle bürgerlichen Fraktionen standen.

Mit über 8000 Unterschriften begehrten die Tübinger einen Bürgerentscheid. 50,5 Prozent aller Wahlberechtigten gingen am Tag der Abstimmung zur Urne, 84 Prozent von ihnen forderten eine Änderung der städtischen Verkehrspolitik. Diese Volksabstimmung legt den Gemeinderat für drei Jahre auf diesen Beschluß fest. Zum erstenmal in der Geschichte Tübingens entschieden die Bürger selber.

Wie wird die parlamentarische Opposition gestärkt?

Im Zuge dieser Aktivitäten und nach manch abgeblocktem Vorstoß der beiden DKPler im Gemeinderat begann die Diskussion um größeren Einfluß auf die Entscheidungen und die Politik im

Rathaus, um eine effektivere Opposition und die Veränderung der parlamentarischen Mehrheitsverhältnisse. Diese Diskussion führte vor allem die in der Bürgerinitiative mitwirkende, dem Sozialistischen Büro nahestehende Linke als auch die SPD-Ortsgruppe, die beim Bürgerentscheid gegen die eigene Fraktion stand. Erfolge der Grünen bei den Kreistagswahlen im Herbst 79 (5 Grüne, 1 DKP) begünstigten die Bildung einer neuen Liste. Versuchen, aus der Bürgerinitiative heraus eine Liste entstehen zu lassen, begegnete die DKP mit Skepsis und Ablehnung. Personen aus dem gesamten Parteien- und Meinungsspektrum setzten ihren Widerspruch zur etablierten Verkehrs- und Baupolitik in Sympathie für die Bürgerinitiative um. Aus dieser Initiative der Bürger ein Instrument für eine Partei oder Liste zu machen, wäre gleichbedeutend mit Selbstvernichtung.

Es kam anders. Mehrere engagierte Mitarbeiter der Bürgerinitiative kandidierten auf unterschiedlichen Listen und bilden heute bei diversen kommunalpolitischen Entscheidungen einen bedeutsamen Oppositionsblock in und außerhalb des Parlaments. Was sie vereint, ist die gemeinsame außerparlamentarische Praxis und Erfahrung.

Dieser Trend, daß die, bei den Listen der alten Rathaus-Koalition weit hinten plazierten, Bürgerinitiativler mehr Stimmen erhielten als die alt bekannten Listenanführer ist beeindruckender Beweis dafür, daß sich die Bürger gegen die Bevormundung wehren. Auch im DKP-Wahlprogramm für den 20. Juni 1980 stand die Begrenzung der Gewissensfreiheit eines Abgeordneten und die Mitwirkung der Bürger bei kommunalen Entscheidungen im Vordergrund. Demokratische Veränderungen lassen sich nur durchsetzen, wenn sich die Bevölkerung einmischt, die Betroffenen selber bestimmen, was ihnen nützt. Informationen aus dem Rathaus sind nicht Propaganda für die Verwaltung und den Gemeinderat, sondern Aufforderung zur Mitarbeit und Kontrolle. Die bestehenden Gesetze verbieten nicht die Einbeziehung der gewählten Interessenvertreter aus Betrieb oder Jugendhaus, der Sprecher einer Bürgerinitiative oder der Gewerkschaft in die Beratungen auf kommunaler Ebene.

Es gibt viele Möglichkeiten, die kommunale Demokratie mit Leben zu füllen, den Gemeinderat spüren zu lassen, was Wille des Volkes ist. Zusammen mit der DKP setzt sich auch die AL für eine Erweiterung der Mitwirkungsrechte des Bürgers ein. Einer politischen Emanzipation des Volkes steht nur die Herrschaft und Macht der um ihre Privilegien Besorgten entgegen. Die Vorschläge zur Veränderung dieser Machtverhältnisse auf kommunaler Ebene reichen von der ständigen Vertretung gewerkschaftlicher Sprecher und sachkundiger Bürger über eine Bürgerfragestunde im Gemeinderat bis zur Durchführung von Bürgerentscheidungen bei wichtigen Angelegenheiten.

Daß die Umsetzung alternativer Politik auf starke Widerstände und eine Gegenstrategie der anderen Seite stößt und welche Schwierigkeiten außerparlamentarische Bewegungen haben, solange sie auf die kommunale Ebene beschränkt sind, zeigen wir in den folgenden Abschnitten.

3. Parlament – Quasselbude oder Tribüne für Forderungen der Bevölkerung?

Die falschen Prioritäten staatlicher Politik und ihre Auswirkungen auf die Lebensbedingungen haben viele bisher duldsame Bürger zwar nicht auf die Barrikaden aber in die Bürgerinitiativen gebracht. Dieses Engagement zu unterstützen und fördern, ist erste Aufgabe alternativer linker Parlamentsarbeit. Die Schwierigkeiten, diesen Anspruch einzulösen und auf kommunaler Ebene eine alternative Politik in praktischer Konsequenz zu bewirken, sind vielfältig.

Das Parlament, einst aus dem Streben der Bourgeoisie nach politischer Emanzipation und Macht entstanden, baute in all den Jahren gesellschaftlicher Veränderungen mehrere Stolperstufen, über die schon manch alternative Fraktion gefallen ist. Die Entwicklung der SPD von einer revolutionären Arbeiterpartei zur systemtragenden Integrationskraft ist eng verknüpft mit einem parlamentsfixierten Handeln. Die parlamentarische Institution ist heute ein Instrument, außerparlamentarische Bewegungen zu unterdrücken und linke Abgeordnete zu integrieren. Ein Wandel zur Tribüne für die Forderungen des Volkes und Vollzugsorgan demokratischer Politik ist möglich, aber langwierig und schwierig.

Zentralisierung der Politik

Erstes Problem ist die Verknüpfung der meisten kommunalen Aspekte mit der Bundes- und Landespolitik. In den letzten Jahren nahm eine zentralistische Politik den Gemeinden gesetzlich garantierte Kompetenzen ab. Die materielle Misere der Kommunen schränkt die Handlungsfähigkeit eines Gemeindeparlaments zusätzlich ein. Forderungen nach einem Programm zur Lösung der Wohnungsnot und für soziale Mieten, Proteste gegen die Erhöhung kommunaler Gebühren oder gegen den Bau einer Bundesstraße haben Grenzen, was die Durchsetzung vor Ort betrifft. In ausgeprägtem Maße trifft dies auf durchaus lokal sichtbare Mißstände wie Arbeitsplatzsicherheit, Bildungspolitik u.ä. zu.

Zwar treten hier auch Konflikte mit den übergeordneten Parlamenten auf, in die der gesamte Gemeinderat einbezogen ist, doch scheitert die Bereitschaft zur Auseinandersetzung an der Loyalität zu den im Bundes- und Landtag sitzenden Parteifreunden und an dem Parlamentarismusverständnis. Als das Land Baden-Württemberg den studentischen Wohnungsbau stoppte, was eine Universitätsstadt mit ca. 20 000 Studenten hart trifft, erklärte sich der Oberbürgermeister zwar zu Verhandlungen und Gesprächen bereit, setzte aber gegen studentische Hausbesetzer die Polizei ein.

Die Verbindung alternativer Stadtpolitik mit einer gesamtgesellschaftlichen Perspektive und Strategie ist deshalb notwendig.

Geschäftsordnung hat Priorität

Auch der formale Rahmen eines Parlaments hemmt den Aufbruch linker Politik und Vorstellungen dessen, wie ein Parlament zu funktionieren hat. Der Ablauf ist so streng formalisiert, daß für aktuelle Ereignisse oder spontan aufbrechende Diskussionen nur Platz ist, wenn die Verwaltungsspitze und Ratsmehrheit dies zulassen. Mithilfe der Geschäftsordnung verhindert diese große Koalition die ausführliche Darstellung und Argumentation von DKP- oder AL-Stadträten. Redezeitbeschränkungen, wenn eine Debatte zu brisant oder grundsätzlich wird, sind ebenso willkommene Maßnahmen wie die interfraktionelle Einigung, daß zu DKP- oder AL-Vorschlägen keine Wortmeldungen erfolgen. Stellungnahmen zu den Beschlußvorlagen der Verwaltung werden oft auf eine aus jeder Fraktion reduziert, so daß »Abweichlermeinungen« nicht in die Öffentlichkeit kommen.

Seit der letzten Kommunalwahl hat die alte Koalition eine differenzierte Strategie gegen die Alternativen, gegen die Opposition entwickelt. Erster Erfolg ist die weiterhin integrierte SPD-Fraktion, wozu der altgediente Bundestagsabgeordnete und nach Tübingen zurückgekehrte Prof. Schäfer einen entscheidenden Beitrag geleistet haben dürfte. Außer wenigen Zwischentönen spielt die SPD im Konzert mit falschen Noten nach den Taktstöcken des Dirigenten.

Nicht geglückt ist bis heute der Versuch, die Opposition zu spalten, d.h. die DKP zu isolieren. Von antikommunistischen Attacken bis zu kleinen Lockhäppchen für die AL reicht die Palette der Störmanöver. »Von den Kommunisten erwarten wir ja nur Ablehnung, aber Sie von der AL ...« Und: Schelte, wenn die AL sich nicht ködern läßt.

Berufsverbote für kommunalpolitisches Engagement

Gefährlicher sind allerdings jene Vorhaben, die auf das Engagement der Bürger ausgerichtet sind. Hier dominiert zunächst einmal Härte, wenn es um Bürgerentscheid und Rederecht für Vertreter von Bürgerinitiativen im Gemeinderat geht. In rüdem Ton werden Bürger auf den Zuschauerbänken im Sitzungssaal des Gemeinderats zur Ordnung gerufen, wenn sie mit Bei- oder Mißfallensbekundungen ihren Kommentar zu Diskussion und Abstimmung geben. Auch Diffamierungen der Bürgerinitiative, man wisse nicht, wie sie zu der großen Anzahl Unterschriften gekommen sei, gehören zur Politik. Gegen Hausbesetzer wird mit bisher unbekannter Schärfe vorgegangen.

Zum Mittel gegen das Aufbegehren der Bürger, ihre Beteiligung an Protestaktionen und zur Warnung an all jene, die gemeinsam mit Kommunisten Unterschriften sammeln oder gar eine Mitarbeit in der DKP in Erwägung ziehen, dienen die in Baden-Württemberg besonders hart praktizierten Berufsverbote. Mit dem Hinweis auf ihre Kandidatur bei den Kommunal- und Kreistagswahlen auf der Liste der DKP sowie kommunalpolitische Aktivitäten wie die Beratung in Sachen Einspruch gegen die Einwohnersteuer versagte die Landesregierung zwei Tübingerinnen den Zugang zum Referendariat. Der Gemeinderat konnte sich in seiner

Mehrheit zu keiner Stellungnahme gegen diese Behinderung politischen Engagements durchringen. Die Tübinger SPD und FDP unterstützen seit Existenz der Bürgerinitiative zur Verteidigung der Grundrechte zwar deren Arbeit, doch was kümmern Parteibeschlüsse einen nur seinem Gewissen verantwortlichen Parlamentarier.

Parlamentarier ohne Gewissen?

Stellvertreterpolitik und die Gewissensverantwortung sind Grundsätze des Parlamentariers von der CDU bis zur SPD. Daß ihre Abstimmungspolitik dabei in wesentlichen Dingen dem Wahlprogramm widerspricht, auf dessen Grundlage sie gewählt wurden, stört das Gewissen nicht sonderlich. Auch dann nicht, wenn Tausende Bürger eine Beteiligung an kommunalpolitischen Entscheidungen fordern und auch die kommunalpolitischen Entscheidungen fordern und auch die sozialdemokratische Parteibasis, die in Tübingen bis zum Ortsvereinsvorstand reicht, ihre Abgeordneten zum öffentlichen Streit der Argumente und demokratischen Duell bitten. Den Bürgern fehle es an Sachkompetenz und an dem Gemeinwohl verpflichtenden Überblick eines Stadtrats.

Diesem Parlamentarismusverständnis kann man nur durch praktisches Handeln der Bürger entgegentreten. Die alternative Stadtpolitik spielt sich vor den Türen des Parlaments ab. Was sich im Gemeinderat tut, hängt davon ab, was Bürger bewegen.

Als Erfolge können die Tübinger einiges verbuchen: gegen den Willen der großen Rathauskoalition durchgeführte Bürgerversammlungen, einen erfolgreichen Bürgerentscheid, Rederecht für die Bürgerinitiative im Gemeinderat. Ohne die Initiativen aus dem Oppositionsblock wären Themen wie Berufsverbote, Hausbesetzungen, Antifaschismus nie in einer Sitzung des Gemeinderats behandelt worden.

4. Geld ist da

Staatsverschuldung ist gegenwärtig Bonner Thema Nr. 1, muß für alle möglichen und unmöglichen Haushaltskürzungen herhalten und gilt als markantestes Symptom der Krise der Kommunalpolitik. (Unter dieser Krise verstehen die systemtreuen Experten aus

Politik, Wissenschaft und Medien weniger die finanziellen Engpässe denn die sozialen Spannungen und Bürgerbewegungen.) Der Rückgang der kommunalen Steuereinnahmen bei gleichzeitig erhöhter Aufgabenzuweisung ist allgemein be- und anerkannte Tatsache, die keinen Streit über eine Steuerumverteilung zugunsten der Kommunen zuläßt. Aus dieser Finanzlücke den Schluß zu ziehen, über den Rathäusern kreise der Pleitegeier, ist falsch. Was für den Bundes- und Landeshaushalt allemal zutrifft, gilt auch für die Kassen der Kommunen: Das wenige Geld, das vorhanden ist, schaufeln die Verantwortlichen zum Fenster hinaus als hätten sie zuviel davon. Gilt es, Milliarden für Luftschutzbunker, Straßenprojekte oder Wirtschaftssubventionen locker zu machen, herrscht in den Kommunen die gleiche Großzügigkeit vor wie beim Rüstungs- oder Polizeietat bei Bund und Land. Viel Geschrei und allseitiges Spargejammer steht ins Rathaus, wenn jedoch eine kommunale Wohnungsvermittlung, Nulltarif für städtische Kindergärten oder zusätzliche Erholungs- und Freizeitstätten gefordert werden. Der Hinweis auf Mittelkürzungen von seiten der übergeordneten Parlamente geht zwar schnell über die Lippen, wenn aber Protestmaßnahmen beschlossen werden sollen, herrscht vornehme Zurückhaltung.

Unsere Alternativen

Die DKP setzt sich für eine Veränderung der Prioritäten auch im Gemeindehaushalt ein, die sich an den Erfordernissen und Bedürfnissen angenehmen Lebens, Wohnens und Arbeitens aller Tübinger orientieren. Dazu zählen genügend Wohnungen zu sozialen Mieten, die Vorfahrt für den öffentlichen Personennahverkehr, sichere Arbeitsplätze und gesundheitliche Versorgung für die Bevölkerung, Lehrstellen und Jugendhäuser, Freizeit- und Kommunikationsmöglichkeiten für Alt und Jung. Daß da wenige zuviel von besitzen und viele nicht einmal das Dach überm Kopf und den Arbeitsplatz, ist Anlaß für Systemkritik vor Ort.

Zwei Grundsätze bestimmen unsere Argumentation und Anträge bei jeder Verabschiedung eines Haushalts:
– Das wichtigste für die Tübinger Bevölkerung ist die Finanzierung sozialer Projekte wie Kindergärten, Schulen, Wohnungen, Altersheime und die Garantie sozialer Dienstleistungen zu billigen Tarifen wie Öffentlicher Personennahverkehr, Freibad.

Für diesen, durch Mittelkürzungen gefährdeten sozialen Besitzstand und den Ausbau der Leistungen schlagen wir Kürzungen und Einsparungen beim Ausbau des Individualverkehrs, bei Erschließungsgeschenken und Sozialtarifen für Unternehmen vor. Durch die Auflösung der französischen Garnison, eine Jahrzehnte-alte Forderung Tübinger Kommunisten, könnte die Stadt manche Wohnung gewinnen und Belastung los werden (jährlich wird Tübingen durch die Garnison um 280 000 DM Grundsteuer geprellt). Zusätzliche Einnahmen können durch die Erhöhung der Sätze für die Gewerbesteuer verbucht werden.

- Jede neue soziale Belastung für die Bevölkerung, wie sie im kommunalen Bereich vor allem durch zu 90 Prozent kostendeckende Gebühren den Geldbeutel der Familien berauben, reduzieren die konjunkturfördernde Kaufkraft. Die Investitionsabstinenz der Kommunen drückt den Lebensstandard und erhöht die Arbeitslosigkeit. Wenn es um Bauprojekte geht, die den sozialen Interessen der Menschen entsprechen wie Altersheime, Schulen etc. setzen wir uns für die Aufnahme neuer Kredite ein.
- Der zweite Grundsatz reicht weit über das, was in einer Stadt verändert werden kann, hinaus. Der kommunale Handlungsspielraum muß entsprechend Art. 28 Abs. 2 des Grundgesetzes »Den Gemeinden muß das Recht gewährleistet sein, alle Angelegenheiten der örtlichen Gemeinschaft in eigener Verantwortung zu regeln« verteidigt und erweitert werden. In Zeiten kapitalistischer Krise und Versuchen staatlicher Regulierung herrscht bei dem System verpflichteten Politikern der Drang zur Zentralisierung. Die fiskalischen Ressourcen sind für die sogenannte gesamtstaatliche Konjunkturförderung verplant: Subventionen und Steuerprivilegien kommen den Unternehmen für die seit Jahren versprochenen Maßnahmen zur Sicherung der Arbeitsplätze zugute. Eine Drei-Prozent-Steigerung für den Rüstungsetat sind a priori durch die »Nachrüstung« verpulvert und müssen durch die Stagnation und z.T. sogar Kürzungen im Sozial- und Bildungshaushalt gewonnen werden.
- Diese zentrale Politik schaufelt ein riesiges Defizit zwischen kommunalen Aufgaben und materiellem Handlungsspielraum der Gemeinden. Die beklagte Finanzmisere ist systembedingt. Deshalb gehört die Auseinandersetzung über die kapitalistische

Krise, ihre Ursachen und das Wesen staatlicher Strategien in den Gemeinderat. Eine andere Umverteilung des gesellschaftlichen Reichtums und Freisetzung der Rüstungsmilliarden durch eine stufenweise Abrüstung für soziale Zwecke und kommunale Aufgaben sprengen das, was im Rahmen der Kommunalpolitik erreicht werden kann. Aber politisches Bewußtsein, das eine gesellschaftliche Alternative schafft, entsteht auch in solchen Diskussionen, wie kommunalpolitische Erfolge ausgebaut werden können und wo die Grenzen einer Stadt liegen.

Die Umsetzung ist kompliziert

So gut diese Prinzipien und Forderungen auch sein mögen, so schwierig ist eine Umsetzung bei der jährlichen Haushaltsdebatte. Die kurze Auslegefrist des Haushalts für die Bürger und die Unübersichtlichkeit der tausend einzelnen Etatstellen erschwert eine effektive Mitbestimmung der Bevölkerung. Den Beratungen im öffentlichen Plenum geht eine Vielzahl von Vorbesprechungen auf verschiedenen Ebenen voraus, die nicht öffentlich und wahrscheinlich nicht einmal allen Stadträten bekannt sind. Den Haushalt in seinen Grundlinien und Schwerpunkten der Bevölkerung verständlich zu machen, ist die wichtigste Aufgabe alternativer Stadträte.

An zwei Beispielen sei hier gezeigt, daß die dicken und bis ins Detail festgelegten Haushaltsbücher durch den Korrekturstift der Bevölkerung an wichtigen Stellen geändert werden können. Erfolgreich praktizierte die DKP Tübingen die Politik der gläsernen Taschen im Rathaus zuerst bei der Einwohnersteuer. Über eine langjährige Einspruchskampagne der Bürger fiel diese Einnahmequelle, die jeden Tübinger mit erstem Wohnsitz belastete, weg. An keiner einzigen Stelle führte dies zu Kürzungen auf der Ausgabenseite, die sich negativ auf das soziale Wohl der Bürger ausgewirkt hätte. Der Nachweis, daß die Steuern zum größten Teil in Bereichen verschwendet werden, die dem Einzelnen wenig nützen, aktivierte die Betroffenen. Das zweite Beispiel bezieht sich auf den Bau einer seit Jahren geplanten Grundschule in einem neuen Stadtteil. Aus Spargründen plante der Oberbürgermeister eine Verschiebung des Bauvorhabens und teilte dies während der Haushaltsdebatte erst mit. Ein Brief der DKP-Stadträte zur Information der Eltern und Lehrer setzte die Betroffenen in Bewegung. Die Eltern- und Lehrerschaft wandte sich direkt an die Gemeinderäte und die Presse. In der entsprechenden Sitzung empfahl der Oberbürgermeister zwar die Annahme der Verschiebung, doch die Mehrheit der Gemeinderäte entschied anders: Die Grundschule wird gebaut.

Neben diesen Erfolgen gibt es eine lange Reihe ergebnisloser Anträge. 1980 beispielsweise stellten DKP, SPD und AL sich hinter eine Erhöhung der Ausgaben für den Neubau städtischer Sozialwohnungen. Vor allem durch Hausbesetzungen in leerstehenden Garnisonswohnungen und einem Teil der französischen Kaserne und durch eine Studie der Stadt zur Wohnungssituation in Tübingen zweifelte keiner an einem großen Fehlbestand an Wohnungen, vor allem für Studenten und kinderreiche Familien. In Aktion traten jedoch nur Jugendliche und Studenten. Andere Teile der Bevölkerung nickten beifällig und sprachen hie und da ihr Verständnis, manchmal auch Sympathie für die jungen Hausbesetzer aus. Zu einer aktiven Unterstützung oder eigenem Engagement der Sozialwohnungsberechtigten kam es nicht. Die Abgeordneten blieben mit ihrem Antrag allein stehen und unterlagen in der Abstimmung.

Streit mit der Alternativen Liste

Mit Genehmigung der Landeswirtschaftsministerien – der Minister wie die Oberbürgermeister der Städte sitzen meist stimmberechtigt im Aufsichtsrat – werden die Energiepreise bei Strom, Gas, Fernwärme vorgeschrieben. Diese Monopolpreise der Energieversorgungsunternehmen schlucken die Gemeinden widerspruchslos. Die Erhöhung dieser Tarife funktioniert ähnlich einem Automatismus. Welche Gewinnspanne für welche Unternehmen eine Rolle spielen, was die Erhöhung eigentlich rechtfertigt – dies ist keiner Diskussion mehr wert.

Die kommunistischen Räte entschlüsseln jedes Jahr die Monopolstrukturen, die sich hinter dieser Erhöhung verbergen und die große Differenz, die zwischen Rohstoffpreis und Verbraucherpreis liegt. Weil eine Erhöhung sozial belastend und nur unter der Prämisse der Profitmaximierung gerechtfertigt ist, stimmen die Kommunisten zu jeder Zeit gegen diese Preispolitik. Die Hoffnung, diese Oppositionshaltung würde durch die neuen AL-Stadträte gestärkt, zerschlug sich. Mit anderen Argumenten als bisher aber im Ergebnis gleich stimmte die Mehrheit dieser Fraktion für eine Preiserhöhung. Die AL beabsichtigte, die Bevölkerung mit höheren Preisen zum Energiesparen zu erziehen. In nachfolgenden Diskussionen vor allem in der Mitgliedschaft der AL wurde diese Abstimmung einer Kritik unterzogen und wir erwarten in Zukunft ein gemeinsames Abstimmungsverhalten.

Schon des öfteren diskutierte die Tübinger DKP die Möglichkeiten, gegen diese Preispolitik die Bürger zu Aktionen aufzufordern. Doch fehlt hierzu momentan die Kraft, zusätzlich zu den Schwerpunkten Verkehrspolitik und Wohnungsnot solche, viel organisatorischen Aufwand und Kleinarbeit benötigende Aktivitäten zu initiieren.

Zusammenfassung

Im Bereich alternative Finanzpolitik wird es noch viel zu diskutieren geben. Zum Beispiel das Problem der Kreditaufnahme, die, solange keine generelle Umverteilung der staatlichen Einnahmen erfolgt und antimonopolitische Forderungen gegen Wirtschaftssubventionen noch nicht durchgesetzt werden können, notwendig sind für soziale und kulturelle Projekte. Die Kommunen liegen in der Kreditaufnahme (Nettoquote: 3,1%) weit hinter Bund (12,5%) und Länder (6,7%) zurück. Die Verschuldung wuchs in der zweiten Hälfte der 70er Jahre mit +20,7% sogar langsamer als die Einnahmen mit +36,3%. Die Auswirkungen solcher finanzpolitischen Entwicklungen auf die Konjunktur und den Lebensstandard sind bisher kaum diskutiert. Auch nicht, welche größeren Projekte von einer alternativen Stadtpolitik gefördert werden könnten.

Größere Veränderungen lassen sich nur realisieren, wenn man nicht vergißt, über die Rathausspitze hinauszublicken, den Kontakt mit kommunalen Bewegungen anderer Städte zu suchen und eine gesellschaftliche Perspektive zu entwickeln. Der gesellschaftliche Reichtum in diesem Land wird falsch verteilt. Dies wollen wir ändern.

5. Alternative mit Perspektive

Für die Entwicklung der alten Universitätsstadt werden in den nächsten Jahren einige wichtige Entscheidungen getroffen. 1982 jährt sich der erfolgreiche Bürgerentscheid zum drittenmal. Die Bindung des Gemeinderats an dieses Bürgervotum ist damit aufgehoben. Aus der Zusage des Oberbürgermeisters am Abend seiner Niederlage, man werde umdenken, ist bisher nichts geworden. Das alternative Verkehrskonzept der Bürgerinitiative wurde bis heute nicht einmal im Rathaus beraten. Die alternativen Kräfte müssen darauf gefaßt sein, daß das, was der Bürgerentscheid verhinderte, frisch aufgewärmt wird.

Im Frühjahr nächsten Jahres beginnt nach dem Willen der Verwaltung und Gemeinderatsmehrheit der Bau des Kaufhauses mit dem Abriß einiger alter Gebäude. Dieses Projekt bewirkte in den letzten Jahren eine Vielfalt von Protesten: der Tübinger Einzelhandel verbündete sich mit der Bürgerinitiative und strebte ein Normenkontrollverfahren an, die Bürgerinitiative forderte an derselben Stelle den Bau von Sozial- und Altenwohnungen und sammelte für das Alternativprojekt über 8000 Unterschriften zur Durchführung eines Bürgerentscheids. Schließlich mischen sich auch die Interessen der Wohnungssuchenden ein, die den Abriß funktionstüchtiger Häuser ablehnen. Wenn sich diese Interessen verbünden, ist das Kaufhaus noch lange nicht gebaut.

Wohnungsnot ist ein Thema, das noch manchen Konflikt mit Stadt, Land und Bund provozieren wird. Jedes Semester stehen Hunderte neuer Wohnungssuchender in Tübingen. Im vergangenen Jahr exmatrikulierten sich 300 Studienanfänger wieder, weil sie kein Zimmer fanden. Eine langwierige Diskussion über die Wohnungssituation im Gemeinderat brach ohne große Ergebnisse ab. Als ein seit zwei Jahren leerstehendes städtisches Gebäude besetzt wurde, ließ der Oberbürgermeister noch in der selben Nacht mit einem riesigen Polizeiaufgebot räumen. Den anwesenden DKP-Stadträten verweigerte die Polizei jegliche Auskunft. Hätte die DKP in der nachfolgenden Sitzung des Gemeinderats keine Anfragen zu dieser Räumung gemacht, wäre der Gemeinderat zur Tagesordnung übergegangen. Ein Konzept, wie in Tübingen das Wohnungsproblem zu lösen ist, liegt bislang nicht vor. Das heißt: hier liegt Arbeit für die alternativen Kräfte.

Die Ablehnung alternativer Bewegungen hat ein anderes

Thema zu einem Problem werden lassen. Tübinger Frauen, sicher nicht von der CDU-Familienpolitik begeistert, traten mit der Forderung nach einem autonomen Frauenhaus an den Gemeinderat heran. Unterstützung fanden sie, außer bei der in der Initiative mitarbeitenden AL und der DKP auch bei vielen sozialdemokratischen Mitgliedern. Nicht so im Gemeinderat. Frauenhaus: ja, aber! Weil sich die SPD-Fraktion nicht mit der linken Frauenbewegung identifizieren kann, sind sie gegenüber dem Verein »Frauen helfen Frauen« skeptisch. Statt eines selbst verwalteten Frauenhauses propagieren CDU, SPD und Freie Wähler ein Modell, das von caritativen Verbänden, Rotes Kreuz etc. getragen werden soll. Der emanzipatorische Anspruch geht verloren.

Kommunalpolitik ist keine Insel

In Tübingen existieren und entwickeln sich zahlreiche Bewegungen, die in keinem direkten Zusammenhang mit der Kommunalpolitik stehen. Eine der bedeutsamsten ist die Friedensbewegung. Über alle Parteigrenzen hinweg, mit Ausnahme der CDU, und ungeachtet politischer Meinungsverschiedenheiten arbeiten Dutzende Organisationen zusammen, bereiten Friedensaktionen vor und sammeln Unterschriften unter den Krefelder Appell.

Oberflächlich betrachtet, hat Frieden und Abrüstung vielleicht wenig mit Kommunalpolitik zu tun. Und die meisten Parlamentarier handeln auch so. Mit mürrischer Miene beobachten sie DKP-Räte, die im Gemeinderat Unterschriften für den Krefelder Appell sammeln oder AL-Abgeordnete, die anläßlich der Einladung jüdischer Ex-Tübinger etwas umfassendere Bemerkungen zur antifaschistischen Arbeit eines Gemeinderates machten.

Zum einen entwickelt sich in solchen Bewegungen ein politisches Bewußtsein, das diese Gesellschaft grundsätzlich und das heißt revolutionär verändern kann. Zum andern wirken die hier entstandenen Bündnisse auf die Politik im Gemeinderat zurück. Resultat kann ein Wandel in der gesamten Politik zum Vorteil des Volkes sein.

Allein geht nichts

Das Eintreten für die eigenen Interessen und das Bündnis aller fortschrittlichen Kräfte wird über unsere Zukunft entscheiden.

Allein bewegen wir allenfalls einen Kieselstein, aber nicht die versteinerten Verhältnisse im Kapitalismus.

In den vorangegangenen Ausführungen dürfte deutlich geworden sein, daß es mit der AL ein spontanes Zusammenwirken im Gemeinderat gibt, mit der SPD-Fraktion eigentlich nur Ärger. Wesentlich besser klappt die Zusammenarbeit außerhalb des Parlaments. In der Initiative zur Vorbereitung der Tübinger Friedenswoche sitzen Kommunisten neben Christen und Sozialdemokraten, in der Bürgerinitiative stehen grüne und bunte neben roten Alternativen am Infostand.

Wenn wir weiterkommen wollen in der Bundesrepublik, ist noch viel gemeinsame Diskussion und Aktion zu überstehen. An uns soll es nicht liegen, den Weg gemeinsam zu gehen. Deshalb schlagen wir auch allen demokratischen und fortschrittlichen Kräften ein gemeinsames Programm und einen Oppositionskandidaten für die bevorstehenden Wahlen des Oberbürgermeisters vor.

*Thomas Langer/Rainer Link**

Ein Ausgangspunkt, zwei Wege

Über den Umgang mit Defiziten linker Politik in Hamburg

Als am Abend des 4. Juni 1978 das Ergebnis der Hamburger Bürgerschafts- und Bezirksparlamentswahlen bekannt wurde – 3,5% insgesamt für die BuLi sowie der knappe Einzug ins Eimsbüttler Bezirksparlament – herrschte unter den Aktivisten der Bunten Liste eher gedrückte Stimmung.

Wir hatten uns den Sprung über die 5%-Hürde zugetraut – und es gab tatsächlich zahlreiche Indizien, die den Legitimationsverlust der bürgerlichen Parteien anzeigten. In Hamburg war eine große Zahl von Frauengruppen und Bürgerinitiativen (die meisten gegen Atomanlagen) entstanden, denen bis dahin nicht gekannter öffentlicher Zuspruch zuteil wurde und deren Mobilisierungskraft beträchtlich war.

In diesen Initiativen und mehr noch in der Bunten Liste war der Kommunistische Bund (KB) politisch – in der BuLi auch personell – dominant, und trotzdem spielte sich Ende der 70er Jahre innerhalb der Hamburger Linken außerhalb von SPD und DKP eine Umgruppierung ab: die Kräfte, die autonom vom KB operierten, wuchsen, der KB konnte seine Vorherrschaft mehr und mehr nur noch mit großen organisatorischen Kraftakten und einiger Machtpolitik behaupten.

Wie gesagt, die Aktivisten der BuLi waren in der Wahlnacht eher enttäuscht und Ulrich Klose erschien uns als strahlender Sieger. Die bürgerlichen Medien hingegen hatten einen realistische-

* T. Langer und R. Link sind Mitglieder der Bunten Liste (BuLi) Hamburg

ren Blick, bescheinigten uns den Beginn des Einbruchs ins etablierte Parteiengefüge und erkannten, daß in Hamburg und Niedersachsen (GLU) ein Startschuß für die Veränderung der politischen Landschaft gefallen war.

Opposition mußte fortan nicht mehr zwangsläufig auf außerparlamentarische Aktion beschränkt bleiben. Die alternative Wahlbewegung hat seitdem einen recht kontinuierlichen Aufschwung genommen. Die Hamburger Bunte Liste hingegen ist weitgehend kaputtgegangen, zerbrochen an Widersprüchen über den weiteren Weg der Wahlbewegung (die GRÜNEN), am Streit über Art und Umfang der Parlamentsarbeit etc.

Daß es zu so schroffen Brüchen wie der Spaltung im Frühjahr 1980 kam und die politischen Widersprüche nicht wie andernorts aushaltbar waren, liegt u.E. an der Hamburger Besonderheit eines personell außerordentlich großen KB, der besonders in der Frage des Beitritts in die GRÜNEN unduldsam war und Befürwortern dieses Weges mit reichlich »Bestrafung« (Abwahl aus Funktionen) begegnete.

An dieser Stelle soll es uns jedoch eher darauf ankommen, heute von uns erkannte politische Schwächen, wie sie die Bunte Liste bei ihrer Konstituierung aufwies, herauszuarbeiten, um damit den sachlichen Hintergrund für spätere schroffe Widersprüche darlegen zu können, die mit gewisser Zwangsläufigkeit auftreten mußten, als wir die unbekannte Sphäre der (Bezirks-)Parlamentsarbeit betraten und dort auf Fragen stießen, die große Lücken in unserem bisherigen politischen Instrumentarium offenlegten.

Die Bunte Liste basierte nicht auf Einzelmitgliedschaft, sondern verstand sich als Zusammenschluß von »Bürger- und Basisinitiativen«; diese »Bereiche« erarbeiteten die Programmteile, die ihr Arbeitsfeld betrafen: Atomkraftwerke, Umweltschutz, Frauen, Schwule, Jugend, Schule, Kinder, Gesundheitswesen, Wohnen, Ausländer, Knast. Neben diesen elf Programmteilen wurden noch eine Präambel, ein Abschnitt gegen die »Krisenpolitik zu Lasten der Bevölkerung« sowie der längste Programmabschnitt »Gegen den Abbau demokratischer Rechte« verfaßt. Hier lag größere Kompetenz bei einer gewählten Programmkommission.

Bereits in der Präambel der Plattform kommt ein Grundzug im Selbstverständnis der BuLi recht plastisch zum Ausdruck: »Wir arbeiten weiter in unseren Initiativen und Gruppenzusammenschlüssen. *Wir werden nach der Wahl nicht anders arbeiten, als vor der Wahl. Unsere Arbeit in der Bürgerschaft wird bestimmt durch die Ziele und Aktivitäten unserer Initiativgruppen.«*

Tatsächlich wurde die (angestrebte) Parlamentsarbeit nicht als qualitativ neues Feld linker Politik betrachtet, zu deren Bewältigung größere politisch-theoretische Anstrengungen und auch eine nicht unerhebliche Verschiebung des Arbeitseinsatzes der aktiven Träger dieses Engagements nötig waren, sondern der Gedanke, »nicht anders (zu) arbeiten als vor der Wahl«, wurde recht naiv abgeleitet aus der Einschätzung, daß die Propagierung der »Ziele und Aktivitäten unserer Initiativgruppen« ausreiche, um im Parlamentsbetrieb zu bestehen. Das mußte – angesichts der tatsächlichen Anforderungen parlamentarischer Arbeit – zu Konflikten führen; dazu später.

Zunächst führte diese Sichtweise dazu, daß die erarbeitete Plattform im großen und ganzen zu einer bloßen Addition der Forderungen geriet, die die Initiativen in die BuLi mitbrachten. (Nebenbei: Hieraus erklärt sich z.B., daß wir keinen Programmpunkt »Friedenspolitik« hatten, das war damals eine Domäne der DKP und aus dem Feld der BuLi arbeitete keine »Initiative« hierzu.)

Politik zugunsten alter Menschen mußte so, in Ermangelung etwa einer »Rentner-BI«, natürlich auch unerwähnt bleiben. Das galt für weitere soziale Bereiche ebenso.

Den größten Teil des Programms machte die Anklage staatlicher Repression sowie die Forderung nach mehr demokratischen Rechten aus, besonderes Augenmerk galt diskriminierten Minderheiten. Ebenfalls großes Gewicht hatten Aussagen, die staatliche Sparpolitik angriffen und größere staatliche Finanzierung für Belange der Jugend, Schule, Kinder, Gesundheitswesen, Mieter etc. forderten.

Neben der entschiedenen Ablehnung der Atomenergie fanden sich einige wenige Denkanstöße zu Umweltschutz und ökologischer Problematik, etwa die Forderung nach Nutzung der Sonnen- und Windenergie, Recycling, gegen Individualverkehr und für den Ausbau von Fahrradwegen und U-Bahn-Netz. Mehr Grünanlagen und Kinderspielplätze wurden gefordert und die Beschränkung giftiger Chemikalien thematisiert. Dies war sicher wenig und vage, aber immer noch präziser, als zahlreiche Aussagen an anderen Stellen der Plattform, etwa die »Forderung«: »Wir brauchen eine Schülerschule, die zu kritischen Menschen erzieht: Eine

Schule, die Spaß macht!« (Von ähnlich unverbindlicher Abstraktheit ohne erkennbare Handlungsmaxime sind einige Passagen in denen keine Einigung hergestellt werden konnte, oder kein Sachwissen bestand).

Darüber hinaus wurden Erscheinungen der Krisenpolitik von Staat und Kapital kritisiert, einige gewerkschaftliche Forderungen aufgenommen (35-Stunden-Woche, mehr Urlaub, gegen Aussperrung etc.) und die niemals falsche Feststellung getroffen: »Dieser Krisenpolitik kann nur die betroffene Bevölkerung selbst durch entschlossenen Widerstand entgegentreten.«

An mehreren Stellen der Plattform wurde zum Ausdruck gebracht, daß man pauschal die Gewerkschaftsführung für einen integralen Bestandteil staatlicher und kapitalistischer Strategie gegen die Bevölkerung hielt; z.B.: »Die Gewerkschaftsführung, die mit Unternehmern und Regierung den Preis des 'sozialen Friedens' mit aushandelt, hat sich der Krisenpolitik völlig angepaßt.« Eine Betrachtung der jüngsten Gewerkschaftstage, die relevanten Oppositionsströmungen innerhalb der gewerkschaftlichen Leitungen gegen den sozial-liberalen Regierungskurs und die Krisenpolitik des Kapitals sichtbar werden ließen, läßt zumindest die fehlerhafte Pauschalität unserer damaligen Aussage erkennen. Die fast ungeteilte Zustimmung zu diesen Aussagen innerhalb der BuLi zeugt zugleich von einer großen linksradikalen Homogenität dieses Zusammenschlusses, der sich gegen alle bestehenden Einrichtungen und Organe der Gesellschaft und der existierenden Arbeiterbewegung definierte.

Um den ideologischen Grundkonsens der großen Mehrheit der BuLi-Mitglieder Anfang 1978 zu erfassen – und damit Gründen der späteren Differenzen auf die Schliche zu kommen –, scheint es angebracht, kurz zusammenzufassen, welche politischen Fragen damals *keinen* Eingang in unser Programm fanden, was wir also entweder irrelevant fanden oder worüber niemand über Wissen verfügte:

1. Unser Programm hatte im großen und ganzen keinen speziellen Bezug zu Hamburg. Zwar wurden einige Fakten der Hamburger Wirklichkeit beispielhaft herausgezogen (die Arbeitslosenzahl oder eine besondere Repressionsmaßnahme an Hamburger Schulen), dies war aber lediglich illustrierendes Material zu einem (unvollständigen) Gemälde staatlicher Repression und Erscheinungen sozialer Ungerechtigkeiten im Kapitalismus. Mit der weitge-

henden Ausklammerung speziell Hamburger Probleme entfiel auch jeder Zwang, sich mit der Entscheidungskompetenz der Hamburger Bürgerschaft auseinanderzusetzen. Ob und welche Initiativen wir im ersten Zug nach Einzug ins Parlament ergreifen wollten, war nicht erkennbar. Eventuell *realisierbare* Initiativen gemeinsam mit der Sozialdemokratie lagen außerhalb unseres Gesichtsfeldes. Das mag daran gelegen haben, daß positive sozialdemokratische Gesetzeswerke und Senatsentscheidungen nicht registriert und somit faktisch geleugnet wurden und daß damals wenig Wissen bestand über die Diskrepanz sozialdemokratischer Parteitagsbeschlüsse und SPD/FDP-Senatspolitik.

2. In unserem Programm fehlten gänzlich *Gegenentwürfe* zur SPD/FDP-Senatspolitik. Wir traten völlig ohne eigene Vorstellungen zur Stadtentwicklungsplanung an, hatten kein Verkehrskonzept und auch keinen Entwurf zur Energieversorgung Hamburgs. Bei letzterem beschränkten wir uns z.B. auf die Aussage, daß auch ohne Atomstrom die Lichter nicht ausgehen. Wirtschaftspolitische Überlegungen zur Sicherung und Neuschaffung von Arbeitsplätzen fehlten völlig – das Was und Wie der Produktion mußte so natürlich erst recht ausgeblendet bleiben.

3. Dementsprechend fanden auch keinerlei Elemente einer alternativen Steuerpolitik oder gar Kritik und Gegenentwürfe zu den Haushaltsplänen des Senats Eingang in unsere Plattform. Staatlich mögliche Umverteilungen und der Nachweis der Finanzierbarkeit der von uns erhobenen Forderungen wurden also nicht herausgearbeitet.

Aus dem Programm der BuLi – und was in ihm fehlte – läßt sich einigermaßen die politische Physiognomie unseres damaligen Zusammenschlusses erkennen: Es handelte sich um ein – gemessen an späteren Zusammenschlüssen – recht homogenes linksradikales Lager, in zahlreichen Kämpfen selbst betroffen von staatlicher Repression, was zu einer gewissen Zentralität dieses Feldes bei der Kritik gesellschaftlicher Verhältnisse führt. Die Ablehnung aller gesellschaftlichen Wirklichkeit und aller etablierten Parteien war gleich schroff, ebenso das Sichhinwegsetzen über die Logik und Sachzwänge des Kapitals – die Forderung nach *Ent*eignung wäre leicht ableitbar. Auf der anderen Seite fehlen Elemente der *An*eignung gesellschaftlicher Produktivkräfte, der Anspruch auf Kontrolle und Bestimmung über ihren Einsatz.

Alternative Entwicklungsmodelle, wie Gegenentwürfe zur kapitalistischen Stadtentwicklung – all die Fragen, die nicht zuletzt von der vielfältigen ökologischen Literatur aufgeworfen werden – wurden nicht thematisiert, d.h. in der Verantwortung »der Herrschenden« belassen. In diesem Herangehen liegt die (meist unausgesprochene) Vorstellung, diese Probleme erst nach einem allgemeinen »Machtwechsel« (»Revolution«) thematisieren zu müssen bzw. sie dadurch schon (fast) gelöst zu haben. Aus ähnlich gelagerter Motivation speist sich auch der Verzicht auf reformerische Initiative in steuer- und haushaltspolitischer Hinsicht. Die Abstinenz bezüglich eigener Entwürfe schließt natürlich sehr entschiedene (»militante«) Kämpfe gegen einzelne Auswirkungen herrschender Politik nicht aus, sie vergrößert eher ihr Gewicht und muß so mit gewisser Zwangsläufigkeit zur (vorübergehenden) Radikalisierung führen.

In diesem Selbstverständnis ist mehr angelegt, als eine unvermeidliche Unerfahrenheit und daraus resultierende geringe sachliche Kompetenz bezüglich der angestrebten Parlamentsarbeit. Es ist ein Selbstverständnis, das dazu neigt, sich die Sammlung der progressiven Kräfte außerhalb des bürgerlich-parlamentarischen Staates vorzustellen, in schroffer Gegenüberstellung gegen ihn. Das muß zu einer Unterschätzung der Bedeutung der Parlamente für die Bildung und Organisierung des politischen Willens verschiedener sozialer Kräfte führen: »Wir kandidieren nicht, weil wir uns erhoffen, im Parlament die Welt verbessern zu können« (Zitat aus BuLi-Wahlkampfzeitung), also negativ abgrenzende »Illusionslosigkeit« (die in letzter Absolutheit natürlich nicht falsch ist) gehörte so fast eindeutiger zu unserem Wahlkampf, als positive Bestimmung des Zwecks der Kandidatur.

Natürlich ist unsere Skizze zu grob, die von uns behauptete Homogenität war in der Realität durch vielfache Schattierungen gebrochen. In der BuLi gab es einzelne Personen und kleine Gruppen, die gänzlich anderer Herkunft und anderer politischer Auffassungen waren, es gab viel Meinungsstreit im KB um Ansätze »nichtsektiererischer Politik« und es gab auch einen öffentlich ausgetragenen Kampf gegen eine Strömung, die die BuLi zur »Partei der Grohnde-Kämpfer« (also des militanten Teils des »Widerstands«) machen wollte.

Insgesamt fiel es der BuLi allerdings sehr leicht, sich zu konstituieren, da sie sich auf einem langjährig erarbeiteten »Konsens« großer Teile der Hamburger Linken jenseits von SPD und DKP stützen konnte, der KB hatte diese »scene« sehr weitgehend geprägt (in diesem Ausmaß wohl eine Besonderheit unter den BRD-Großstädten) und wenn man aus seiner jährlich erscheinenden »Mai-Plattform« den internationalistischen Komplex sowie einige allgemeine Erkenntnisse des »Marxismus-Leninismus« streicht, ist die Identität mit dem BuLi-Programm frappierend. (Die politischen Sekten wie KBW, GIM etc. bemängelten übrigens hauptsächlich das Fehlen dieser immergrünen Weisheiten.)

Neu war im wesentlichen das äußerliche Auftreten der BuLi: Im Gegensatz zur eher verbissenen Strenge und »Disziplin« der früheren Jahre linker Politik stand die BuLi ganz im Zeichen von fröhlicher Lockerheit, ausgefallener Individualität und (bisweilen krampfiger) Originalität der Aktionen. So bestand objektiv ein gewisser Widerspruch: Unser Programm vermittelte eher ein düsteres Bild sozialer und politischer Wirklichkeit, gab also genau genommen eigentlich kaum Anlaß zu fröhlich-lockerer Aktionsform.

Diese Widersprüchlichkeit hängt wohl mit einem bestimmten Aspekt der Umbruchsituation der Linken zusammen; es war die Zeit der »Entdeckung« subjektiver Bedürfnisse, das »Bock-Prinzip« ersetzte die unbedingte Pflichterfüllung in der politischen Arbeit, die politischen Individuen schufen sich neue Lebensperspektiven (»Betriebsflucht« hin zum zweiten Bildungsweg) etc. pp. Dies alles stand allerdings *neben* der jahrelang erarbeiteten politischen Grundauffassung, die die kapitalistische Wirklichkeit betont düster malt.

Trotzdem gab es einige Auseinandersetzungen, welches Element der Bunten Liste stärker betont werden sollte; so war z.B. der Name unserer Liste längere Zeit strittig und ein Teil der Mitglieder verfocht den Titel »Wehrt Euch«, mit dem sie mehr kämpferische Entschlossenheit vermitteln wollten. »Bunte Liste« setzte sich durch, in ihm spiegelte sich besser das *Lebensgefühl* des anvisierten Wählerpotentials. In der Ablehnung des aalglatten, uniformierten Berufspolitikers der bürgerlichen Parteien und der »Kälte«, die in den Formen etablierter Politik herrschte, sollte also der weitere (»nicht-sektiererische«) Konsens des von uns vertretenen Blocks bestehen. Hierauf zielte der zentrale Slogan »Diesmal wählen wir uns selbst«. Dieser Aspekt des BuLi-Selbstverständnisses führt in seiner Verlängerung auf die Parlamentsarbeit zum Versuch, durch gut inszenierte show dem Bierernst und der bürgerlichen Reputierlichkeit etablierter Politik Paroli zu bieten. Diese »Waffe« ist allerdings nur dann scharf, wenn sie eingebettet ist in eine sachkompetente Gesamtpolitik – als Ersatz hierfür steht sie in Gefahr, zur Clownerie zu verkommen.

Alle bis hierher geschilderten Eigenarten und Mängel der Gründungsphase der BuLi wollen wir nicht so verstanden wissen, daß gradlinig zu schlußfolgern wäre, bei ihrer Vermeidung hätte ein deutlich anderes Wahlergebnis erzielt werden können. Natürlich ist ein Wahlergebnis irgendwo enttäuschend, wenn der verhältnismäßig passive Akt der Stimmabgabe (35 000 Stimmen) nur etwa doppelt so groß ist wie die Mobilisierungsfähigkeit zu den größten Veranstaltungen (»Volksfest«) und größten oppositionellen Demonstrationen (1. Mai). *Ein so ungünstiger Proporz läßt Schlüsse zu auf eine gesamtgesellschaftliche Isoliertheit einer großen Zahl von Aktivisten.* Allerdings muß relativierend mitbedacht werden, daß in Hamburg der erste Anlauf auf der Ebene eines Bundeslandes (und einer Großstadt) gemacht wurde, die in den Massenmedien suggerierte Chancenlosigkeit also noch nirgendwo praktisch widerlegt war. Die Angst vor der »verschenkten Stimme« wurde vertieft durch die Existenz einer konkurrierenden »Grünen Liste Umweltschutz«, die bei 1% landete. Darüber hinaus war die Polarisierung innerhalb der SPD weit weniger entwickelt als heute. Zwar waren die Konflikte um die Atomenergie auch damals schon recht entfaltet, aber eine Debatte um die Wirtschaftspolitik, wie sie heute tendenziell sozial-liberale Regierungspolitik und große Sektoren der Arbeiterbewegung entzweit, war noch kaum entbrannt. Ebensowenig die große friedenspolitische Kontroverse, die ja bekanntlich erst mit dem Nachrüstungsbeschluß und konzeptionellen Änderungen der US-amerikanischen Militärstrategie ihre Brisanz erhielt.

Jedenfalls war insgesamt die Stabilität bürgerlicher Hegemonie ungleich größer und so kann es durchaus richtig sein, der BuLi die weitgehende Ausschöpfung des erreichbaren Potentials zu bescheinigen. Probleme mußten mit gewisser Zwangsläufigkeit auftreten entlang der Aufgaben, die sich mit dem Einzug ins Eimsbütller Bezirksparlament verbanden, weiter mit der Herausbildung einer Oppositionskraft anderer Physiognomie in Gestalt der »Grünen« und mit der Verschärfung gesellschaftlicher Widersprüche, die eine erfolgversprechende Orientierung auf Adressaten alternativer Politik ermöglichte, die nicht traditionell zur »scene« und ihrem Umfeld gehören.

Aus dem oben beschriebenen wenigen Rüstzeug ergibt sich, daß wir in das Eimsbüttler Bezirksparlament fast ohne jede Vorstellung einzogen. Die schnell erfaßbare Besonderheit Hamburger Bezirksparlamente besteht in ihrer außerordentlich geringen Kompetenz, ihre Entscheidungsbefugnisse z.B. in haushaltspolitischen Fragen sind ungleich geringer als die der Stadtparlamente in bundesdeutschen Flächenstaaten. Nicht selten haben wichtige Beschlüsse nur empfehlenden Charakter gegenüber dem Senat.

Hieraus ergibt sich ein hoher Grad an »Sachzwängen« (die von den Kommunalpolitikern der etablierten Parteien nicht ungern häufig legitimatorisch bemüht werden). Der offiziell vorgesehene politische Entscheidungsspielraum ist sehr eng, die Möglichkeit, kommunale Mißstände als Folge von Entscheidungen der »großen Politik« zu thematisieren, ist schon durch die Geschäftsordnung äußerst begrenzt. Trotzdem fällt das Bezirksparlament Eimsbüttel für 200 000 Bürger Beschlüsse, die sich direkt auswirken und unmittelbar erfahrbar werden im Gegensatz zur verschleiernden Abstraktheit mancher Debatte im Bundestag.

Dies ganze Geschäft vollzieht sich in einer recht komplizierten Struktur des bezirklichen Parlamentsbetriebes: Der Großteil der in der Bezirksversammlung zu fassenden Beschlüsse wird vordiskutiert und weitgehend entschieden in den Fachausschüssen, wie Stadtplanungsausschuß, Haushaltsausschuß, Ausschuß für Umweltschutz, Gesundheit und Soziales, Schul-, Jugend-, Kultur- und Sportausschuß, Bau- und Liegenschafts- und Wirtschaftsausschuß etc. Eine Liste, die in diesen Ausschüssen keine sachkompetenten Mitglieder arbeiten hat, steht schon von vornherein auf verlorenem Posten. Im optimalen Fall können die alternativen Ausschußmitglieder sich nicht einmal auf das im Ausschuß angebotene Material stützen, sondern müssen vor Ort selbst recherchieren bzw. von der Verwaltung überhaupt erst ausreichende Entscheidungsgrundlagen abrufen.

Neben den Ausschüssen existieren noch die mit weniger Befugnis ausgestatteten Kommissionen und Arbeitskreise z.B. für Kunst, Fluglärm, türkische Mitbürger etc.

Von größerer Bedeutung wiederum sind die drei Ortsausschüsse, die die ihren Stadtteil betreffenden Beschlußvorlagen für die Bezirksversammlung erarbeiten. Ohne qualifizierte Vorarbeiten der Ortsausschußmitglieder könnten die beiden Feierabend-Abgeordnetinnen der Bunten Liste ebenfalls kaum bestehen. Aus dieser kleinen Übersicht dürfte ersichtlich sein, daß ein zwanzigköpfiger Stamm politischer Aktivisten als Minimum erforderlich ist, um den Anforderungen zu genügen. Besondere Schwierigkeiten in der Anfangsphase bereitete die Koordinierung der Arbeit, zumal fast alle Träger der Parlamentsarbeit Neuland betraten und selbst vielfach experimentieren mußten.

Insgesamt ist die Arbeit wesentlich komplexer als die gewohnten Anforderungen aus der Tätigkeit in einer Bürgerinitiative. Auch die Aufgabe einer konsequenten Interessenvertretung als Betriebsrat – eine Erfahrung, die einige von uns mitbrachten – ist insgesamt nicht so vielschichtig wie die Arbeit im kommunalen Parlament.

Sehr rasch erfahrbar wurde für die Aktivisten, daß es in keiner Weise ausreichend sein konnte, sich »aufs Programm zu stützen« und auch das Ideal »Sprachrohr des Widerstands« zu sein (»Unsere Arbeit wird bestimmt sein durch die Ziele und Aktivitäten unserer Initiativgruppen.« – BuLi-Plattform) nur sehr begrenzte Handlungsorientierung leisten konnte.

Zwei Beispiele aus einer nahezu beliebig großen Zahl mögen das illustrieren: Programmatisch festgelegt waren wir auf die Ablehnung von Atomkraftwerken sowie auf die Befürwortung alternativer Energie. Konkret konfrontiert wurden wir mit Plänen des Senats, die u.a. für Eimsbüttel die Stillegung eines extrem umweltbelastenden Kohlekraftwerks vorsahen sowie die Errichtung eines neuen, relativ besseren Heizkraftwerks auf Kohlebasis mit erweiterter Wärme-Kraft-Koppelung. Wollten wir uns nicht mit einer billigen a priori Ablehnung begnügen – etwa festgemacht an einem festgestellten Nachteil einiger Anwohner des neuen Standortes – lag die Aufgabe bei uns, selbst konstruktive Vorschläge für die Energieversorgung auszuarbeiten. Sollten wir die Dezentralität kleiner Kraftwerke fordern? War der Standort optimal gewählt? Gibt es umweltfreundlichere Alternativen zum Kohle-Verfahren? Entspricht das vorgeschlagene Verfahren den heute erreichten technischen Möglichkeiten der größtmöglichen Reduzierung der Umweltbelastung? Besteht überhaupt ein Bedarf oder kann z.B. durch die Nutzung bisher verplanter industrieller Abwärme auf den Neubau verzichtet werden?

Aus all diesen Feststellungen konnten wir einen verhältnismäßig detaillierten Katalog der Ablehnung bisheriger Planung entwickeln, bzw. Präzisierungen und Verbesserungen verlangen. In diesem Prozeß erarbeiteten wir uns neue Elemente eines umweltfreundlichen Gesamtkonzepts der Energieversorgung, das zugleich realitätstüchtig und nicht der Kapitallogik nach größtmöglichem Profit unterworfen ist. Unser Antikapitalismus wurde in diesem Prozeß ein Stück konkreter als unsere Plattform.

Wie wenig bisweilen damit gedient ist, sich ausschließlich auf die Anliegen aktiver Bürgerinitiativen zu stützen, mag ein Fall aus der jüngeren Vergangenheit beweisen:

Die geplante Verkehrsberuhigung einer Eimsbütteler Straße wurde von einer Bürgerinitiative von Anwohnern unterstützt sowie verschiedene Modifizierungen gefordert. Der absehbare Effekt dieser Maßnahme bestand in der größeren Verkehrsbelastung einer Parallelstraße, wogegen sich ein Zusammenschluß dortiger Anwohner bildete. Auch hier steht man ohne ein halbwegs plausibles Konzept der Stadtplanung, Verkehrsplanung, konkreter Vorschläge zur Förderung des öffentlichen Nahverkehrs recht hilflos zwischen den Fronten, bzw. kann sich auf die typische Ausrede bürgerlicher Kommunalpolitiker zurückziehen, wonach man es halt nicht allen recht machen kann. (Das Beispiel ist übrigens nicht an den Haaren herbeigezogen. Eine ähnlich gelagerte Problemstellung hatten wir im Rahmen geplanter Schulschließungen innerhalb des Schulentwicklungsplans, als verschiedene Elterninitiativen den Erhalt »ihrer« Schulen zuungunsten anderer forderten.)

Aus der Bereitschaft sich nach besten Kräften auf die parlamentarischen Anforderungen einzulassen, ergab sich für uns eine regelrechte »Entdeckung« gesellschaftlicher Konfliktfelder die bisher unbekannt waren. In diesem Prozeß wurden wir zu Ansprechpartnern von Bevölkerungskreisen, deren Anliegen von den etablierten Parteien ignoriert wurden und die sich deshalb an uns wandten, obwohl sie beileibe nicht zu unserem Wählerpotential gehört hatten. Auch von uns aus wurden die Adressaten alternativer Politik weit über das Feld der Linken und radikaldemokratischen »Szene« hinaus ausgeweitet. Dies gilt nicht nur für solche Fälle wie den Giftskandal bei Stoltzenberg, wo entschiedenes und öffentlichkeitswirksames Engagement auf der Hand lagen. Vielmehr geht es hier z.B. um recht intensiv gemeinsam mit den Betroffenen getätigte Anstrengungen zur Verhinderung der Zerstörung einer Kleingartensiedlung, die der Sanierung zum Opfer fallen sollte.

Für die Betroffenen hätte dies einschneidende Verschlechterungen bedeutet; sie wären größtenteils in Neubau-Ghettos umgesiedelt worden, hätten ungleich höhere Mieten zahlen müssen und ihre z.T. sehr wohnlich eingerichteten kleinen Eigenheime verlassen müssen, die im Amtsdeutsch zu »Behelfsheimen« degradiert worden waren.

Auch hierzu ließe sich die Reihe erheblich ausdehnen, aber die Beispiele sollten ausreichen, um einen Einblick zu ermöglichen in unseren Lernprozeß, der eine größere Durchdringung der kommunalen Wirklichkeit sowie den Entwurf alternativer Gegenkonzepte zum Inhalt hatte und damit eine Erweiterung der erreichbaren Adressaten unserer Politik. Die Schilderung eher traditionell linker Politik im Parlament sowie die Inszenierung des einen oder anderen Spektakels zur Parodie des muffigen bezirksparlamentarischen Alltags schenken wir uns an dieser Stelle.

Insgesamt hat unsere Parlamentsarbeit wohl das Ansehen alternativer Politik verbreitert, als Fingerzeig hierfür bewerten wir die Tatsache, daß wir bei den Bundestagswahlen im Rahmen der »GRÜNEN« unter die fünf erfolgreichsten Wahlkreise bundesweit gelangen konnten.

Damit wollen wir die »Mängelliste« unserer Arbeit keineswegs wegreden. Ganz oben an steht nach wie vor die mangelhafte agitatorische und publizistische Darstellung unserer Arbeit, die immer noch viel Engagement und auch kleine Erfolge in Ausschüssen und Parlament der Öffentlichkeit vorenthält und so weitgehend entwertet. Obwohl wir entlang von Ereignissen immer wieder Kontakt und Zusammenarbeit mit Betroffenen herstellen, gelingt uns doch kaum die Integration neugierig gewordener Freunde in und um den Stamm unserer Fraktion. Der Streß, den gestellten Anforderungen gewachsen sein zu müssen, hat uns bisweilen die Luft genommen, Interessierte ruhig und sachgerecht einzuarbeiten. Zwar haben wir schriftliche Rechenschaftsberichte vorgelegt und unsere Arbeit insofern transparent gemacht, zugleich aber haben wir der aktuellen Effektivität manch mögliche individuelle Einarbeitung geopfert.

Auf die hier erwähnten Mängel bezieht sich die ätzende Kritik des nach der Spaltung in politischer Gegnerschaft zu uns arbeitenden Teils der Bunten Liste und des KB allerdings kaum. Auch einzelne politische Entscheidungen, Anträge, bündnispolitische Kompromisse mit Sozialdemokraten sowie die von uns verfaßten Rechenschaftsberichte waren niemals Gegenstand kritischer Debatte. Vielmehr wird der von uns beschrittene Weg kommunaler Parlamentsarbeit pauschal als »Verstoß« gegen BuLi-»Prinzipien« angegriffen, kombiniert mit in solchen Fällen üblichen Aufforderungen, den Namen unserer Liste den »authentischen« Vertretern allein zu überlassen.

Schiebt man einmal die – ohnehin nur als Transportmittel einer grundlegend *anderen* Strategie gemeinten – Vorwürfe beiseite, wie sie etwa gegen den von uns praktizierten und für die Bewältigung kommunaler Parlamentsarbeit auch notwendigen professionellen Arbeitsstil, der bei Teilen der Linken sowieso verpönt ist, erhoben wird, ergeben sich *drei* wesentliche und prinzipiell gemeinte Argumente gegen unsere Arbeit und Absichten:

1.) Der Nutzen bezirklicher Parlamentsarbeit wird *grundsätzlich* in Zweifel gestellt. Hierzu aus einem bis heute unwidersprochen gebliebenen Strategiebeitrag aus dem Info des sog. »BuLi-Ini-Treff« (KB): »Die Funktion der BuLi als zentrales Koordinierungsorgan (!!) der aktiven Protestbewegung schließt eine (regionale) Wahlbeteiligung nicht aus (!), im Gegenteil, sie könnte in Übereinstimmung mit unseren eigenen Grundsätzen uneingeschränkt verwirklicht werden. (...) Doch auf welcher Ebene? Etwa auf der Erfüllungsgehilfen-Ebene der Bezirksparlamente? Es klingt provozierend, doch nichts anderes ist dort Realität/ Kaum eine in der »Plattform« verankerten Forderungen kann über die Bezirksparlamente verwirklicht – ja nicht einmal zur Sprache gebracht werden. (...) Das hat gravierende Folgen, nämlich die, das im Eimsbüttler »Parlament« auch von Bunten lediglich an den vom Senat vorgegebenen Entscheidungen herumgeprökelt werden kann. Oder um es »im Klartext« zu sagen: das dort nichts, aber auch gar nichts Entscheidendes zustande gebracht werden kann. Die vorgegebene Politik der Etablierten darf dort »verwaltet« werden. Im günstigsten Fall kann dort die Ausformung einer SPD-Politik verbessert werden. Die Bezirksparlaments-Ebene mag zwar ein Übungsfeld für künftige Parlamentarier sein. Doch brauchen wir derartig »trainierte« Parlamentarier für eine etwaige Alternativ-Politik auf (beispielsweise) der Bürgerschafts-Ebene? (... Hat es einen Sinn, die Bezirksebene als »Übungsfeld« für künftige Parlamentsarbeit (echte Parlamentsarbeit!) zu nutzen? Oder trainieren sich dort nur »Stellvertreter«, die schließlich vom »System« korrumpiert werden?« (23. 10. 1980)

2.) Auch die in diesem Zitat vorgenommene positive Bezugnahme auf alternative Parlamentsarbeit auf Landesebene (Bürgerschaft) ist nicht gemeint als Bemühen, Einfluß auf politische Entscheidungen zu nehmen, sondern soll v.a. der Verstärkung alternativer Propaganda dienen (Parlament als Tribüne), weil und sofern Hoffnung darauf besteht, über die Landesebene einen besseren Zugriff auf die bürgerlichen Massenmedien zu bekommen. Dazu noch einmal ein Beleg-Zitat aus demselben Papier: »Auf dieser Ebene ließe sich u.U. Alternativ-Politik realisieren. Wenn es gelänge, in dieses Parlament einzuziehen, wäre erstens das Politik-Monopol des etablierten Parteien-Kartells geknackt. Zweitens wäre es möglich, die dort vertuschten Skandale und Mängel (glaubhaft) in die Öffentlichkeit zu tragen (durch besseren Zugang zu den Medien). Drittens könnte der Versuch unternommen werden, die 'Plattform'-Forderungen auf die Tagesordnung zu bringen. Sicher nicht erfolgreich, da zur Durchsetzung die Mehrheiten fehlen, doch immerhin im Sinne einer echten Opposition.«

Die hier vorgenommene Reduzierung parlamentarischer Anstrengung wird an anderer Stelle vom KB am Beispiel der Finanz- und Haushaltspolitik zum schweren Schlag gegen den Reformismus überhöht. »Mit Ausnahme der BGL (und teilweise der BuLi Bielefeld) hat sich bisher noch *keine* Liste bemüßigt gesehen, generell zu Finanzierungsproblemen der Kommunen Stellung zu beziehen. *Das sollte auch so bleiben* – es sei denn, die eine oder andere Liste will sich in die Verantwortung der Städte, Gemeinden und Kommunen als verläßliche Kraft einbringen. Verantwortung für den Haushaltsplan der Städte zu übernehmen: davon hat bis zur Wahl niemand gesprochen, und es käme einem *Wahlbetrug* gleich, wenn jetzt Staatsinteressen über die Interessen der eigenen Basis gestellt würden.« (aus »Arbeiterkampf« des KB, Nr. 190, S. 7). Der KB spricht hier also *seinerseits* eine *Unvereinbarkeit* seiner Vorstellungen von alternativer Parlamentsarbeit gegenüber solchen Positionen, wie sie heute in einer übergroßen Mehrheit grüner und alternativer Listen bestehen, die sehr wohl um fortschrittliche, machbare Alternativen zu Finanz- und Haushaltspläne aufzuzeigen bemüht sind (und die aus solcherlei Anstrengung durchaus scharfe Kritik an etablierter Politik anzubringen imstande sind), wobei dem KB der jeweilige politische Charakter solcher Alternativen absolut gleichgültig ist, wie seine ineins gesetzte Ablehnung der diametral verschiedenen Alternativen zwischen rechter BGL und linker BuLi-Bielefeld demonstriert.

3.) Aus der hier vorgetragenen Bestimmung parlamentarischer Arbeit folgt mit Konsequenz, daß eine so definierte Parlamentsfraktion ausschließlich als Sprachrohr des Teils der »radikalen« scene fungieren soll, die ohnehin mit dem bürgerlichen Parlamentsbetrieb gebrochen hat, wobei stillschweigend zugleich davon ausgegangen wird, daß dieser Bruch eine besonders fortschrittliche, in jedem Fall wünschenswerte politische Position beinhaltet. Der Gedanke, daß eine solche Haltung – auch vom Standpunkt eines radikalen Antikapitalismus – hinderlich und falsch ist, kommt erst gar nicht auf. Die innere Logik dieser Ausführung geht denn auch in die Richtung, diesen »Bruch« zu forcieren und um größere gesellschaftliche Breite einer solchen Position zu werben, sowie die Parlamentsarbeit in diesen Dienst zu stellen.

Da das für diese Strategie bestehende Potential tatsächlich nicht groß genug ist, um den Einzug ins Parlament zu ermöglichen, kommt es bisweilen zu haarsträubenden Verfälschungen gesellschaftlicher Realität zugunsten eigener Wunschträume: »Wenn heute an mancher Stelle von einem 'Restvertrauen in die Parlamentsarbeit' gesprochen wird, geht das völlig an den Intentionen der Initiativen vorbei. Welches parlamentarische 'Restvertrauen' kann denn heute ein AKW-Gegner noch haben? Welches 'Restvertrauen' hat die Frauenbewegung gegenüber den Männerparlamenten? Welches 'Restvertrauen' besitzt ein Schwuler nach den jüngsten Hamburger Schlüsselloch-Praktiken der Obrigkeit? Restvertrauen in die Parlamente wäre gleichbedeutend mit einem Restvertrauen in die etablierten Parteien.« (Strategiebeitrag aus Info, ebenda).

Resümee: Es wäre zuviel gesagt, die hier zuletzt geschilderten Positionen als Erfindungen und Spezifikas des KB-s und seines Umfeldes zu kennzeichnen. Vielmehr sind dieselben Konsens innerhalb einer sehr viel breiteren politischen Strömung innerhalb der BRD-Linken. In der Vergangenheit mögen diese und ähnliche Vorstellungen in gewissem Umfang verständliche Schutzfunktion für die Bildung einer radikalen Kapitalismus-Kritik gehabt haben, zu einer Zeit nämlich, als die linke und alternative Bewegung noch zu schwach war, um parlamentarische Positionen zu erobern und wohl auch überfordert wäre, diese im Rahmen einer linken gesellschaftspolitischen Strategie auszufüllen. Heute jedoch, wo an sozialen und politischen Konflikten tatsächliche Einbrüche in bürgerliche Hegemonie und eine Neuordnung der gesellschaftlichen Blöcke möglich werden, erweisen sich derartige Vorstellungen immer stärker als *konservativer* Hemmschuh.

Insbesondere die bloße Beschränkung auf die Anklage sozialer Ungerechtigkeit und politischer Repression sowie der Verzicht auf den Entwurf realitätstüchtiger Alternativen, die eine Reichtums-Umverteilung *und* Aneignung gesellschaftlicher Produktivkraft durch die Lohnabhängigen etc. zum Inhalt haben, bedeutet in der Konsequenz, die bisherige defizitäre linke Politik zu belassen, wie sie ist und damit die notwendige gesellschaftliche Initiative anderen Kräften – dann von rechts – zu überlassen.

Wir geben gerne zu, daß wir auf Defizite in unserem politischen Instrumentarium häufig durch die Anforderungen des parlamentarischen Alltags gestoßen wurden. Wir hoffen jedoch, deutlich gemacht zu haben, daß Ansätze zur Überwindung dieser Lücken nicht nur dem Zweck linker Parlamentsfähigkeit dienen, was der politischen Investition nicht angemessen wäre. Ebenso wie Teile der Anti-AKW-Bewegung nicht dabei stehengeblieben sind, schlicht gegen AKW's zu sein, sondern sich aus der Logik der politischen Kontroverse heraus, mit Entwürfen alternativer Energie-Szenarios weiterentwickelt haben und von diesem Boden aus die Bewegung verbreitern und die Kritik verschärfen konnten, muß alternative Parlaments-Arbeit, wenn sie dieselbe Dynamik entfalten will, eine immer konkreter werdende gesellschaftliche Utopie formulieren, die zunehmend neue Lebensbereiche der Menschen aufnimmt und die auf diese Weise eine gesamtgesellschaftliche Initiative beginnt zu entfalten, die sich schrittweise der Kapitals-Logik entzieht und Motivation und Engagement nicht bloß aus der politisch beschränkten Anklage des Bestehenden gewinnt, sondern v.a. daraus, das deutlich gemacht werden kann, *wofür* man positiv eintritt. Dies wird nicht Beschränkung und Verflachung des Kampfes nach sich ziehen, sondern umgekehrt, Verbreiterung und Radikalisierung.

*Ernst Hoplitschek**

Die Alternativen und die »Macht«

In dem folgenden Beitrag soll es nicht um die Erfahrungen der parlamentarischen Arbeit der AL gehen – die ja seit dem März 1979 (erste Wahlbeteiligung der AL!) in vier Bezirksparlamenten mit insgesamt zehn Sitzen vertreten war – sondern um die höchst aktuelle Erfahrung, wie eine Liste mit einer ihr zugefallenen Machtposition umgegangen ist, wie sie dieses Problem gelöst hat. Andererseits eröffnen diese Erfahrungen auch Schwierigkeiten und Probleme, denen sich in zunehmendem Maße – mit steigendem Erfolg – alle grünen, bunten und alternativen Listen gegenübersehen werden. Im Kernpunkt dessen liegt die Frage, wie stellt man sich der »Macht«, und wie geht man mit ihr um? Heißt die Alternative solcher Listen heute nur »Fundamentalopposition« oder Bündnisse mit Teilen der etablierten Machtblöcke oder wenigstens »Tolerierung«, wenn damit politische Vorteile für die Basisbewegung insgesamt »herausspringen«?

Angesichts der Wahlen in West-Berlin, vom 10. Mai 1981, war dieses Spannungsverhältnis Gegenstand einer leidenschaftlich geführten Debatte in der AL, deren Entwicklung in diesem Beitrag nachgezeichnet werden soll.

1. Vor dem 10. Mai 1981

Schon vor den Wahlen war für die AL klar, daß sie in das Abgeordnetenhaus (AH) und in die meisten Bezirksverordnetenversammlungen (BVV) einziehen würde.[1] Offen war nur, wie weit

* E. Hoplitschek ist Mitglied der Alternativen Liste für Demokratie und Umweltschutz (AL) in Berlin.

man die 5%-Hürde überspringen würde. Hauptsächlich externe Faktoren – und weniger die politische Kraft der AL –, die im Versagen der politisch Verantwortlichen lagen, zumal in einer marode gewordenen SPD, hatten den Niedergang der herrschenden politischen Kultur in der Stadt beschleunigt angezeigt. Die »Garski-Affäre« und schließlich das ganze Problem der Hausbesetzungen hatten gewissermaßen das Faß zum Überlaufen gebracht. Zugespitzt lag die »Macht« bereits im Dezember 1980 auf der Straße, nachdem es zu den ersten harten Einsätzen der Polizei gegenüber der »Szene« in Kreuzberg gekommen war. Dennoch witterten nur wenige in der AL die Chance, daß sich hier ein politischer Anknüpfungspunkt anbot, um zu handeln. Auftakt war dann ein nach der Verfassung mögliches »Volksbegehren«, welches die AL (vertreten durch ein Mitglied) mit vielen anderen oppositionellen Gruppen mit-initiierte und welches von der Stoßrichtung geprägt war, den SPD/FDP-Senat zu Fall zu bringen, was schließlich auch geschah. Alle Parteien im AH beschlossen gemeinsam (am 16. März 1981) – das AH aufzulösen und am 10. März 1981 Neuwahlen durchzuführen.

Während des dann einsetzenden Wahlkampfes hatten alle etablierten Parteien öffentlich versichert, daß sie auf keinen Fall mit der AL eine Koalition eingehen würden, obgleich einzelne SPD-Politiker, wie etwa Peter Glotz, durchblicken ließen, daß sie eine »gelegentliche parlamentarische Zusammenarbeit« mit der AL für möglich halten würden. Ansonsten waren die Ziele klar: SPD und FDP wollten weiter koalieren; die CDU ihrerseits wollte die absolute Mehrheit.

Die AL ihrerseits hatte beschlossen, alles in ihrer Macht stehende zu tun, um einen Wahlsieg von Weizsäcker zu verhindern, aber auch gleichzeitig unmißverständlich in einer zur Wahl herausgegebenen Broschüre, deren Inhalt auf einer Mitgliedervollversammlung (MVV) – verabschiedet worden war – erklärt: „Die AL lehnt jede Koalition mit den etablierten Parteien ab. Sie wird keinem Minderheitssenat durch Stimmenthaltung zur Macht verhelfen."[2]

Damit war bereits Monate v o r den Wahlen festgelegt worden, sich auch in einer hypothetischen Rolle des »Zünglein an der Waage« im Parlament strikt negativ zu verhalten, also auch und gerade dann, wenn ein eventueller Minderheitssenat (mit Jochen Vogel an der Spitze) von SPD/FDP auf die Stimmen der AL-Abgeordneten angewiesen wäre. An dieser fundamentalen Haltung änderte sich auch während des Wahlkampfes nichts, obgleich es von Teilen der AL-Basis immer wieder Vorstöße gegeben hatte, dies zu ändern.[3] Schließlich hatte ein Meinungsbild im »Delegiertenrat« der AL die obige Aussage mit deutlicher Mehrheit bestätigt.[4]

2. Nach dem 10. Mai 1981

Die Wahl bescherte der AL exakt 90 522 (Zweit-)Stimmen, das waren 7,2%. An Mandaten: 9 Sitze im AH und insgesamt 44 Sitze in zehn der zwölf BVV in West-Berlin[5]. Darüberhinaus vier Stadtratsposten – vergleichbar den »Dezernenten« in anderen Großstädten – in vier Bezirken[6] sowie letztendlich eine Menge Geld und das Privileg für den AL-Fraktionsvorsitzenden im AH auf einen Dienstwagen mit Chauffeur[7]. Zudem hatte die AL ihr anderes Wahlziel erreicht: Die CDU hatte ihre angestrebte absolute Mehrheit verfehlt[8].

Nachdem von Weizsäcker bereits am Wahlabend erklärt hatte, daß er auf jeden Fall einen Minderheitssenat anführen wolle und sich die SPD ganz auf die Oppositionsrolle eingestellt hatte, sollten die endgültigen Entscheidungen von FDP und AL erst auf einem Landesparteitag bzw. auf einer MVV fallen. Immerhin hatte die AL ihre MVV auf den 25. Mai 1981 anberaumt – also *nachdem* der FDP-Parteitag seine Entscheidung würde schon getroffen haben. Dieser hatte sich ja dann strikt gegen eine offene oder verdeckte Koalition mit der CDU ausgesprochen, wenn auch schon damals einige Abgeordnete ein gegensätzliches Verhalten anzeigten.

Zur MVV der AL lagen insgesamt fünf Anträge vor, die alle die Frage zu ihrem Mittelpunkte hatten, wie in der Frage eines zumindest theoretischen Minderheitssenats umgegangen werden soll – nachdem ja faktisch ein parlamentarisches Patt eingetreten war, weil der Kandidat für das Amt des Regierenden Bürgermeisters auf jeden Fall die absolute Mehrheit der Stimmen im AH benötigte – über die von Weizsäcker rein rechnerisch nicht verfügte, es fehlten ihm dazu zwei Stimmen. – Die ernstzunehmenden vier der fünf Anträge wiesen dabei eine abnehmende Intensität in der Bejahung einer Tolerierung eines SPD/FDP-Minderheitssenats auf:

Antrag 1: AL soll ohne Vorbedingungen einen solchen Senat tolerieren[9];

Antrag 2: AL soll einen solchen Senat dann tolerieren, wenn dieser *vorher* bereit ist, einen Forderungskatalog der AL zu erfüllen (»Amnestie für Hausbesetzer« etc.)[10];

Antrag 3: AL soll SPD und FDP – auch deren Spitzen – Gespräche zu Sachfragen anbieten – und zwar sofort –, wie sie die AL in ihrem »Sofortprogramm« formuliert hatte[11];

Antrag 4: AL macht weder eine offene noch eine verdeckte Koalition. Sie wird keinem wie immer gearteten Minderheitssenat zur Macht verhelfen[12].

Damit standen sich im wesentlichen Tolerierer und Nicht-Tolerierer gegenüber. Beide Haltungen standen repräsentativ für unterschiedliche Bewußtseinsströmungen, unterschiedliche Politik-Konzepte und waren Ausdruck für quasi-organisierte Strömungen in der AL. Im Zentrum beider Haltungen stand aber das alte »linke Dilemma«: wie hältst Du's mit der SPD?

Antrag 3 (den der Autor mitformuliert hatte) und Antrag 4 sollen nun näher erläutert werden.

a) Antrag 3: »links« vor der SPD

»Sollte die Bildung eines Weizsäcker-Senats mit den Stimmen von Umfallern der FDP oder sogar von SPD-Rechten ermöglicht werden, ist dies für uns eine Mißachtung des Wählerwillens und vollzogener Wahlbetrug. Dagegen werden wir außerhalb und innerhalb des Parlaments vorgehen ...

Für die AL stellt sich nach der Wahl verstärkt die Aufgabe, wie sie durch *eigene* Anstrengungen eine grundlegende Änderung der Politik in dieser Stadt erreichen kann. Dazu nutzen wir ebenfalls außerparlamentarische und parlamentarische Möglichkeiten.

– Außerparlamentarisch werden wir weiter mit Bürger- und Basisinitiativen zusammenarbeiten und für deren Ziele eintreten.

An Jungdemokraten und Jungsozialisten richten wir das Angebot, nicht nur außerparlamentarisch, sondern auch *im* Parlament für gemeinsame Forderungen bei Sachfragen einzutreten.

– Auf der parlamentarischen Ebene werden wir den gegenwärtigen Schwebezustand, wo alle Parteien sich ihre Macht erhalten oder die taktisch günstigste Position zur Rückeroberung der Macht sichern wollen, nicht hinnehmen. Wir werden nicht ab-

warten und zuschauen, sondern versuchen, diese Politik zu durchkreuzen.
- Um die Diskussion um Machterwerb und Machterhalt zu durchbrechen und den Bedürfnissen und Interessen der Bevölkerung Geltung zu verschaffen, bieten wir SPD und FDP Gespräche zu Sachfragen, wie sie von der AL im 'Sofortprogramm' dargestellt wurden, an ...«.[13]

Damit waren die Absichten klar formuliert. Wenn auch die offene Bejahung einer Tolerierung – aus taktischen Gründen – vermieden worden war, so war sie doch einkalkuliert. Die Antragsteller von 3 ließen sich bei ihren Überlegungen von folgenden politischen Einsichten leiten:

1. Die AL muß die Chance nutzen *jetzt* in den Schwebezustand einzugreifen, um sich politikfähig zu zeigen.
2. Schon vor den Wahlen hatten die Widersprüche in der SPD zugenommen; Teile des linken, ökologischen Flügels hatten Zusammenarbeit mit der AL signalisiert, waren aber von der rechten Mehrheit abgebügelt worden. Durch das Gesprächsangebot der AL sollten diese Kräfte manövrierfähig werden, und damit insgesamt die Widersprüche in der SPD zugespitzt werden.[14]
3. Alleine stattgefundene Gespräche hätten die schleichende Machterwerbsstrategie eines von Weizsäckers unterlaufen, das politische Klima radikalisiert. Die AL wäre in der Öffentlichkeit als selbständiger politischer Faktor aufgewertet worden.
4. Selbst bei Ablehnung von Gesprächen seitens der SPD und der FDP wäre dies für die AL von taktischem Vorteil gewesen. Drohende Neuwahlen hätten dann der AL – in einem erneuten Wahlkampf – Vorteile in der Argumentation gebracht und sie von der Rolle des ewigen Neinsagers befreit. Zumal die Parteien ihre Ablehnung hätten öffentlich begründen müssen.
5. Langfristig läßt sich nur mit einer (auch ökologisch) radikalisierten SPD eine qualitative Veränderung in der Gesellschaft durchführen, solange sie zu den Machtblöcken zählt. Prämisse hierzu ist aber: die Wahrung der Identität und Authentizität der AL, wozu solche Gesprächsangebote nützlich gewesen wären.

b) Antrag 4: »links« hinter der SPD

»Ungeachtet der jüngsten FDP-Beschlüsse unterstreicht die AL: Sie macht weder eine offene noch eine verdeckte Koalition. Sie wird keinem wie immer gearteten Minderheitssenat zur Macht verhelfen . . .

Die AL begreift ihre Parlamentsarbeit zur Unterstützung der außerparlamentarischen Bewegung als Opposition in der Opposition. Sie versteht ihre Oppositionsrolle so, daß sie konstruktiv eigene Initiativen einbringt und an Sachfragen entscheidet, wie sie sich bei Abstimmungen verhält.

Der AL geht es um eine inhaltliche Veränderung der Politik in dieser Stadt, nicht um Machtpoker. Sie wird dazu in einen offensiven Dialog mit allen politischen Kräften und Parteien treten, um ihre Ziele zu verwirklichen . . .«.[15]

Zusammengefaßt war in diesem Antrag all dasjenige, was in der AL in der zurückliegenden Zeit politisches Selbstverständnis war. Der Antrag hätte auch dann gestellt werden können, wenn die AL nicht in das AH gekommen wäre. Insofern verdrängte er die veränderte Situation aufs sträflichste. Folgende Einschätzungen müssen dem Antragsteller und seinen Anhängern unterstellt werden:
1. Es besteht die Gefahr, daß die AL – würde sie sich in den »Machtpoker« einlassen – untergehen würde.
2. Der Umgang mit »Macht« – geschieht er auch nur annähernd im Zusammenhang mit etablierter Macht – ist nicht »alternativ«.
3. Die SPD ist durch nichts von der CDU zu unterscheiden. Gerade sie ist ja verantwortlich für die Unterdrückung und Ausgrenzung von Minderheiten (»Berufsverbote« etc. . . . .).
4. Unser Auftrag lautet strikt: Nur Förderung der außerparlamentarischen Bewegungen.

c) Die Abstimmungen

Nachdem die eindeutigen Tolerierungsanträge (1 und 2) nur Minderheitenvoten auf der von 1500 AL-Mitgliedern besuchten MVV am 25. Mai bekommen hatten[16] (weniger als 25 %) – kam es zu einem Stechen zwischen den Anträgen 3 und 4. Schließlich bekamen beide je 50 % der Stimmen, womit eine Patt in dieser Frage hergestellt war. Nur ein »Hammelsprung« hätte darüber befinden können, was aber deshalb unterlassen wurde, weil ohnehin längst der Zustand einer »Kampfabstimmung« eingetreten war – genau aber dies – nach einem »Grundkonsens« der AL – nicht Ausgangspunkt einer Entscheidung sein kann und darf. Nach einem teilweise durchaus erfolgreichen Bemühen, die beiden zur Debatte stehenden Anträge zusammenzuarbeiten, zogen dennoch die Antragsteller von 3 ihren Antrag als Ganzes zurück, weil deren Essential »Gespräche mit SPD und FDP« von der Gegenseite für unannehmbar erklärt worden war. Nur eine extra vollzogene Abstimmung über diesen Passus hätte Klarheit gebracht – worauf aber dann verzichtet wurde, weil im überfüllten Saal ohnehin viele nicht mehr wußten, worin die Kontroverse liegen würde.

So förderte die MVV – neben dem Abstimmungsergebnis, welches nichts Neues beinhaltete – dennoch zwei bemerkenswerte Tatbestände zu Tage. Einmal, eine bis dahin kaum gekannte Homogenität eines in sich ideologisch durchaus gegensätzlichen Strömungsbündels, dem eine »authentische« AL-Strömung gegenüberstand. Zum anderen: Die Grenzen der »Basisdemokratie«, die bisher so gut funktioniert hatte. Darauf soll kurz eingegangen werden.

d) Neue und alte Strömungskonstellationen
Sicher nicht überraschend standen hinter dem Tolerierungskonzept alle politisch (historisch bzw. aktuell) – organisierten bzw. semi-organisierten Gruppen, von denen viele erst kürzlich in die AL (als Individuen) eingetreten waren. Trotz unterschiedlicher ideologischer Fundamente hatten sie dennoch spezifisch »linke« Sozialisationsmerkmale in ihrer Argumentationslogik – gerade den Umgang mit der SPD betreffend – offenbart: den Anspruch für eine gesamtgesellschaftlich bezogene Lösungsstrategie; eine Sensibilität für eine »Bündnispolitik« (auch mit der SPD) sowie eine Sensibilität für den Umgang mit »Macht«, sollte sie die allgemeine politische Entwicklung nach »vorne« treiben. Zusammengefaßt: dieses Strömungsbündel reflektierte die Kräftekonstellation *außerhalb* der AL. Ohne Absprachen und ohne »Fraktionierung« bejahten Mitglieder und Sympathisanten von: Ex-KPD, KBW, Z, SOST, SI, SB und den GRÜNEN das Tolerierungskonzept. Zufall oder Notwendigkeit?[17]

Demgegenüber standen und stehen die Spontis aller Couleur, die sich für die Kontinuität der politischen Kultur der Gründungs-AL verantwortlich fühlen und deren Bestreben letztendlich ist, die AL auf diese »Kultur« eingefroren zu halten. Es ist jene ideologisch kaum faßbare »Lagermentalität«, welche geprägt ist von einem Politikverständnis, welches ausschließlich aus dem eigenen Dunstkreis entwickelt wird und die politische Wirklichkeit außerhalb der AL systematisch negiert, ausblendet. Wenn es dennoch zur Herstellung von politischen Bezügen mit der Außenwelt kommt, dann stehen diese zumeist in einem historischen Kontext, wie im Falle des Umgangs mit der SPD, deren Fehler und Versäumnisse seit 1914 zum Angelpunkt des eigenen Standortes, nämlich »links hinter der SPD« – um mit Bahro zu sprechen – gemacht werden. Daß sich diese »Linie« der »authentischen« AL'er zuweilen in Widersprüche verstrickt, konnte nicht ausbleiben, was aber nur ein Hindernis auf deren Hauptmangel ist: fehlendes strategisch motiviertes Handeln.

Exkurs: Ja oder Nein zu den Stadtratsposten

Im Gegensatz zu den Funktionen eines Mitglieds des Rates der Stadt Bielefeld etwa (daher der Name Stadtrat), der sich im wesentlichen im Status eines Mitglieds der Rathaus-Legislative erschöpft, haben die der AL zugesprochenen Stadträte Exekutiv-Rechte und -pflichten. Ein Gesundheitsstadtrat etwa, verfügt nicht nur über einen eigenen Apparat, sondern geht schlicht mit Haushaltmitteln um, verteilt hier, kürzt dort. Andererseits steht er in einem besonderen Verhältnis zur BVV, nach deren Parteien-Proporz (Fraktionsstärke) er jeweils aufgestellt wird, – daher das »Recht« der AL, Anspruch auf einen Posten auf jeden Fall zu haben. Damit ist er praktisch zwischen Exekutive und Legislative eingeklemmt, und damit mittendrin im Macht-Getriebe und -geschiebe.

Nun haben aber ausgerechnet jene »authentischen« AL'er, die sonst gegen das Tolerierungskonzept waren, mit Leidenschaft jene Posten verlangt, obgleich diese anzunehmen, in der Gesamt-AL bis heute umstritten war – bis man diese Frage auf die »Autonomie« der Bezirksgruppen geschoben hat. Die Annahme dieses Postens, etwa in Tiergarten, war aber bar jeder politischen Begründung, sondern reduzierte sich auf die Legimation, daß dieser der AL vom Wahlergebnis her zustehe. Daß bei der Nominierung weniger basisdemokratisch verfahren wurde, sei nur nebenbei bemerkt.[18]

Anders müssen die Vorgänge in Kreuzberg bewertet werden, wo die dortige Bezirksgruppe, aus deren Mitte ja schon einige Befürworter der Tolerierungslinie kamen, konsequent die Tolerierungsstrategie im kleinen Baustil organisiert hat und dort das Kräfteverhältnis in der BVV sehr zu statten kam.[19] Schließlich klappte der »glatte Kuhhandel« mit der SPD.[20] Bei der Frage, ob weiße Weste oder ein CDU-Stadtrat für Bau- und Wohnungswesen – auf den sich die dortige SPD schon eingerichtet hatte – entschied sich die dortige Bezirksgruppe für eine Übereinkunft mit der SPD – deren Kreuzberger Kreisversammlung diesen Handel ebenfalls sanktioniert hatte –, daß sie, die AL-Fraktion, alle Kandidaten der SPD für deren Stadtratsposten unterstützen würde, wenn diese ihrerseits den Kandidaten der AL[21] ebenfalls wählen würden.

Es wird mit Sicherheit nur der Anfang einer durchherrschenden, kritischen »Bündnispolitik« mit der SPD sein, um die schwierigen Fragen in Kreuzberg zu lösen. Ob die ideologischen und personellen Ressourcen der dortigen Bezirksgruppe ausreichen werden, um als eigenständiger politischer Faktor zu überleben bzw. sogar noch anzuwachsen, kann heute noch nicht beantwortet werden. Schließlich ist auch eine tödliche Umarmungsstrategie seitens der SPD gegenüber der AL denkbar, an deren Ende eine regenerierte SPD steht, die an der Wahl-Klientel der AL partizipiert.[22]

e) Grenzen der Basisdemokratie

Zu den wesentlichen Bestandteilen dessen, was in der AL unter »Basisdemokratie« verstanden wird, gehören spezifische, politische Kulturmerkmale, die als »Essentials« begriffen werden müssen. Dazu gehören u.a.: 1. Relevante Minderheiten dürfen qua Kampfabstimmungen nicht ausgegrenzt werden; es ist ein Konsens zu suchen. 2. Die politische Willensbildung findet – bei sensiblen politischen Fragen – alleine auf der Ebene der MVV statt. Nur sie gewährleistet einen echten politischen Willen der AL.

Seit dem Wahlerfolg, und in erster Linie deshalb, wird dieses basisdemokratische Konzept bzw. dessen einzelne Bestandteile, immer brüchiger. Hervorgerufen durch eine Eigendynamik, die mit zunehmendem politischem Wachstum der AL stärker wird. Dazu einige kritische Anmerkungen.

3. Konsensprinzip

Kernpunkt dessen ist ja nichts anderes als die Aufforderung nach einem Kompromiß, in dem sich alle AL-Strömungen wiederfinden können. Dieses Konzept, welches historisch aus begreiflichen Gründen immer funktioniert hatte – es ging ja meist nur um Resolutionen o.ä. – stößt zunehmend an Grenzen. An Grenzen deshalb, weil die AL, aufgrund ihrer gewachsenen politischen Größe, politische Entscheidungen treffen muß, die politische Folgen in größerer Dimension beinhalten als bisher. Indem aber zunehmend Fragen auftauchen, die einen solchen Konsens von der Natur der Sache her kaum noch zulassen, gibt es Probleme. Zugespitzt: wenn die eine Hälfte für, die andere gegen etwas ist, muß letztendlich – wegen des Konsensprinzips – eine echte Entscheidung verdrängt werden. Dies macht aber eine AL zunehmend handlungsunfähig. Es gibt nun einmal in der Frage der Tolerierung eben nur ein Ja oder Nein, dazwischen nichts.

Für die politische Kulturentwicklung bleibt dies nicht ohne Folgen. Hier läßt sich schon lange einiges an Resultaten beobachten: Viele Strategien, ideologischer und organisationspolitischer Art werden entweder vermieden, bzw. nur noch nach dem Kalkül des Konsensprinzips formuliert. In der *Praxis* werden daher strittige Fragen eher zugedeckt, als offensiv gelöst. Weil darüberhinaus »Fraktionsarbeit« (teilweise zu Recht) in der AL äußerst verpönt ist, bleibt nichts anderes als die fortwährende Reproduktion des »authentischen« Politiker-Typs, der deshalb den größten Erfolg hat, weil er Stil und Nimbus der »Lagermentalität« fortwährend signalisiert. Schlicht: wenn dieser Typ nicht aneckt, möglichst »natürlich« auftritt, hat er die besten Chancen, in alle nur erdenklichen Positionen und Funktionen der AL gewählt bzw. mandatiert zu werden.[23]

4. MVV

Eine AL, die mitgliedermäßig immer größer wird, und dementsprechend auch eine höhere Präsenz von Mitgliedern auf ihren MVV verzeichnet, muß den Ablauf dieser Versammlungen immer rigider reglementieren, damit aber auch den Meinungs- und Willensbildungsprozeß. Die Folgen sind u.a.: Einführung der Redezeitbegrenzung (max. 3 Min.), um das Ganze überschaubar zu halten. Daß hierbei kaum »Politik« herauskommt, ist sicher einsehbar. Daher wird die Einführung des Delegiertenprinzips unausweichlich bleiben, wenn eine echte Meinungs- und Willensbildung noch stattfinden soll.

5. Perspektiven

Wenn der derzeit größte Mangel in der AL, nämlich die fehlende Strategie-Diskussion, nicht beseitigt wird, steht es um die politische Zukunft der AL schlecht. Schlecht deshalb, weil die ihr unterstellte politische Kraft in hohem Maße von der Macht und der Kraft von externen Faktoren herrührt. Hochgespült hat die AL der Zorn und der Frust der Massen über den Schlendrian der herrschenden politischen Kultur; andererseits die selbständige, jenseits der AL geformte Politik der Hausbesetzerszene, die die Speerspitze aller anderen außerparlamentarischen Bewegungen derzeit darstellt.

So wie das ideologische und organisationspolitische (zuweilen auch das personelle) Konzept derzeit beschaffen ist, wird sie politisch wenig bewegen, sofern der eigene Anspruch wahrgenommen wird: die außerparlamentarische Bewegung sei das Standbein. Ansonsten würde sich nämlich die Dialektik verkehren, aber dann gewollt, daß die entscheidenden Impulse für die politische Stoßrichtung von der Parlamentsfraktion ausgehen, die der Rest-AL den Stempel aufdrückt. Darin waren die etablierten Parteien aber schon immer besser, weil sie die Apparate besser bedienen können und nichts »basisdemokratisches« sie dabei hindert.

Um der AL langfristig eine Chance zum Überleben zu geben, muß sie für Aussteiger aus der SPD bzw. aus deren Umfeld »attraktiv« werden, was für Aussteiger aus anderen Gruppen genauso gilt. Dazu scheinen folgende Dinge unerläßlich zu sein:
– Eine organisationspolitische Reform an Haupt und Gliedern, die dem »basisdemokratischen« Schlendrian ein Ende bereitet und jedes Mitglied vor die Frage stellt, ob es verbindlich in der AL arbeiten will.[24]
– Die Anerkennung der Tatsache, daß, wer Politik macht – ob er will oder nicht –, Subjekt oder Objekt von Machterhaltungs- und Machtverschiebungsprozessen ist.

— Die AL sollte anstreben, Subjekt von Politik zu sein, sonst wird sie das reine Protestwählerpotential, dem sie letztendlich ihren Wahlsieg verdankt, wieder an die etablierten Parteien (zurück-)verlieren. Schließlich gilt mit Sicherheit: Einmal unter die 5%-Marke gedrückt, bedeutet das politische Ende einer so heterogenen AL, die sich bereits *vor* dem Auftreten der genannten externen Faktoren in einem recht trostlosen Zustand befand.

[1] Das AH kann mit einem Landtag eines Flächenstaates verglichen werden. Die BVV entsprechend mit den Gemeindeparlamenten.

[2] Vgl.: »Was wollen wir Alternativen?«, 1981.

[3] Z.B. die Bezirksgruppe Zehlendorf; die Bereiche »Natur- und Umweltschutz«; »Berlin-Politik« u. a.

[4] Der Delegiertenrat ist das zweithöchste Beschlußorgan der AL. Er besteht aus je zwei Delegierten der insg. etwa 30 Bezirks- und Bereichsgruppen.

[5] Nur in Spandau und Reinickendorf ist die AL nicht in der BVV.

[6] In: Kreuzberg, Wilmersdorf, Tiergarten, Schöneberg.

[7] Über 1 Mio. DM jährlich, Diäten nicht mitgerechnet. Auf das »Privileg« hat die AL verzichtet.

[8] CDU: 47,9%; SPD: 38,4%; FDP: 5,6%; SEW: 0,7%; »Grüne Liste Berlin«: 0,3%.

[9] Mitglieder der Bezirksgruppe Tempelhof.

[10] Mitglieder der Bezirksgruppe Kreuzberg, u.a.: R. Helms; R. Ascheberg; Chr. Zieger.

[11] E. Hoplitschek; W. Kaiser; B. Köppl; D. Kunzelmann; J. Mayr und R. Pfriem.

[12] Jürgen Wachsmuth.

[13] Wörtliche Zitate.

[14] Auf den Programmparteitagen der SPD vor den Wahlen hatten sich starke Minderheiten für die gleichen Zielsetzungen wie die AL eingesetzt: Fragen des Kraftwerks »Reuter-West« etc.

[15] Wörtliche Zitate aus Antrag 4.

[16] Die AL hatte zu dieser Zeit ca. 2200 Mitglieder.

[17] SOST: »Sozialistische Studiengruppen«; »SI«: Sozialistische Initiative« (Ex-SEW-Mitglieder).

[18] In Tiergarten war seitens der dortigen Bezirksgruppe ein Kandidat ohne die Einberufung einer Mitgliederversammlung nominiert worden, was vom Delegiertenrat schärfstens gerügt wurde.

[19] Sitzverhältnisse in der BVV: CDU: 19; SPD: 19; AL: 7.

[20] Vgl.: TAZ, vom 3. Juli 1981.

[21] Werner Orlowsky, kein AL-Mitglied, sondern Mitglied der BI »SO 36«. Er war als »Vermittler« in der Hausbesetzerzcene aufgetreten.

[22] Die SPD verlor hier ihre absolute Mehrheit.

[23] Alle Wahlen zum »Geschäftsführenden Ausschuß« der AL in der Vergangenheit waren von diesen Stilelementen geprägt. – Überhaupt: Personalfragen waren im Delegiertenrat Hauptthema: wer geht zu diesem, wer zu jenem Interview!

[24] Die AL verzeichnet zwar einen Mitgliederzuwachs, mit welchem aber auch die » Karteileichen« steigen wie bei den etablierten Parteien. Nach den Wahlen muß das personelle Aktionspotential mit weniger als 250 Mitgliedern (einschl. der Parlamentarier) veranschlagt werden. In den Bezirks- und Bereichsgruppen herrscht eine an Beschleunigung gewachsene Fluktuation.

Über die Autoren
und die politischen Organisationen

Gerhard Bialas, Jahrgang 1931, von Beruf Gärtnermeister, Personalrat an der Universität Tübingen, Mitglied im Parteivorstand der DKP, seit 1975 Stadtrat und seit 1980 Kreisrat.

Rudolf Boch ist 28 Jahre alt und als Historiker in einem Forschungsprojekt zur Geschichte der Arbeiterschaft tätig. Er gehörte 1978 zu den Gründungsmitgliedern der Bunten Liste Bielefeld und arbeitete während des kommunalen Wahlkampfes mehrere Monate im Wahlkampfbüro. Seit 1980 ist er auch Mitglied der GRÜNEN.

Heinz Czymek, Jahrgang 1932, früherer Beruf Bergmann, heute als Journalist tätig. Mitglied des Bezirksvorstandes der DKP Ruhr-Westfalen. Seit 1969 im Rat der Stadt Bottrop, Fraktionsvorsitzender seit 1975. Seit 23 Jahren politisch aktiv. Als Mitglied der FDJ in den Jahren 1953 bis 1959 dreimal wegen »Staatsgefährdung« inhaftiert. Insgesamt 22 Monate in Haft. 1968 Mitbegründer UZ als DKP-Wochenzeitung sowie Mit-Konstituierer der DKP.

Heidi Haug, Jahrgang 1954, Studium der Germanistik und Politikwissenschaften an der Universität Tübingen, Ablehnung für das Referendariat aufgrund DKP- und MSB-Spartakus-Mitgliedschaft, von Beruf heute Journalistin, seit 1980 Stadträtin.

Ernst Hoplitschek, geb. 1947; gelernter Beruf: Schaufensterdekorateur (1962–1965); externes Abitur (1972); I. Staatsexamen Biologie und Politikwissenschaften (1978); Promotion im Fach Politikwissenschaft (1981). Während des Studiums aktives Mitglied in einer linken, undogmatischen Studentengruppe; Mitglied der AL zur Zeit ihrer Gründung; Berliner Vertreter in der Bundesprogrammkommission der GRÜNEN (1979–1980); Mitglied im Geschäftsführenden Ausschuß der AL (November 1980 bis Juni 1981); Pressesprecher der AL während des Wahlkampfes (1981).

Winfried Kretschmann, 33 Jahre, verheiratet, 3 Kinder. Studium der Biologie und Chemie an der Uni Hohenheim. Dort Politik-Aktivist mit ML-Sozialisation (»Aufstieg und Fall des KBW«). Anschließend Lehrer an einem Gymnasium in Eßlingen und politisch weitgehend abstinent, außer ein bißchen Gewerkschaftsarbeit. Gründungsmitglied der GRÜNEN Baden-Württemberg. Vertreter Baden-Württembergs in der Programmkommission (Bundestagswahlprogramm). Landtagsabgeordneter, zuständig für Landwirtschaft und Umwelt, stellv. Gruppensprecher.

Jan Kuhnert ist 29 Jahre alt und arbeitet als wissenschaftlicher Angestellter in einem erziehungswissenschaftlichen Forschungsprojekt an der Philipps-Universität Marburg. Er war lange Jahre im Sozialistischen Büro aktiv (u.a. in der Redaktion der Zeitschrift »links«); war 1978 Mitgründer und Landesvorsitzender der »Grünen Liste Umweltschutz« in Hessen sowie Gründungsmitglied der GRÜNEN zur Europawahl 1979. Er arbeitete dann in der Bundesprogrammkommission der Grünen und war Bundespressesprecher der Partei im Bundestagswahlkampf. Jetzt ist Jan Kuhnert Stadtverordneter der GRÜNEN in Marburg und Vorsitzender des Bauausschusses.

Thomas Langer, 30 Jahre alt, 1970-77 Arbeiter in Chemie-Großbetrieben, gewerkschaftliche Arbeit (Vertrauensmann), seit Bestehen des Kommunistischen Bundes (KB) Mitglied, 1977-79 Redakteur der Zeitschrift »Arbeiterkampf«, 1979 Ausschluß aus dem KB, seitdem Mitglied der Gruppe »Z«; seit August 1981 Redakteur der Zeitschrift »Moderne Zeiten«.

Rainer Link, 30 Jahre alt, Sekretär der Bunten Liste (Parlamentsfraktion) Eimsbüttel.

Reiner Schiller-Dickhut ist 28 Jahre alt und promoviert über ein Thema aus dem Bereich »Qualitative Tarifpolitik der IG Metall«. 1980/81 arbeitete er mehrere Monate im Büro der Bunten Liste mit. Heute gehört er der Redaktion des »Informationsdienstes Alternative Kommunalpolitik« an. Seit 1979 Mitglied der GRÜNEN.

Ulli Stang, 36 Jahre alt, von Beruf Chemielaborant. Nach dem Abitur auf dem 2. Bildungsweg Studium der Psychologie, Soziologie, Politikwissenschaft, Erziehungswissenschaft mit Magisterexamen in Gesellschaftswissenschaften. Langjährige Tätigkeit in gewerkschaftlicher Jugendbildungsarbeit. Mitglied des Vorstandes der Arbeitsgemeinschaft Sozialistische Opposition (ASO) in Marburg 1967 ff. Seit 1970 Mitglied der DKP, seit 1972 DKP-Stadtverordneter und Fraktionsvorsitzender in Marburg. Kreisvorsitzender der DKP Marburg-Biedenkopf und Mitglied des DKP-Bezirksvorstandes Hessen.

Norbert Winkler, geb. 24.2.1927, Ingenieur, früher aktiv im Verband der Kriegsdienstverweigerer, Ostermarschbewegung. Lange Jahre Vorsitzender der Postgewerkschaft, Ortsverwaltung Frankfurt. Seit April 81 einer von drei Stadträten der »Grünen Bürgerliste für Demokratie und Umweltschutz« in Mörfelden-Walldorf; Mitglied der GRÜNEN.

Michael Winter ist 31 Jahre alt und ist seit 1979 als Fraktionsgeschäftsführer der Bunten Liste tätig. Er war mehrere Jahre Vorsitzender des SPD-Ortsvereins Bielefeld-Mitte. 1979 wurde er wegen seiner Tätigkeit für die BuLi aus der SPD ausgeschlossen.

Alternative Liste für Demokratie und Umweltschutz (Berlin)

Die AL wurde im Herbst 1978 unter Beteiligung von linken Gruppen (KPD, KB) und Individuen (SB etc.) und von BI's gegründet. Gliedert sich in Bezirks- und Bereichsgruppen, die über Delegierte im Delegiertenrat (tagt alle zwei Wochen) zusammengefaßt sind, und welcher, zwischen den Mitgliedervollversammlungen (höchstens Entscheidungsorgan der AL), politisch entscheidet. Die laufenden Geschäfte besorgt ein sog. »Geschäftsführender Ausschuß« (ohne politische Macht). Erste Beteiligung an der Wahl erfolgte im März 1979 (3,7%) und verschaffte der AL zehn Mandate in vier der zwölf West-Berliner Bezirksparlamente. Die vorgezogene Wahl im Mai 1981 brachten für die AL 7,2%; neun Sitze im Abgeordnetenhaus und 44 Sitze in zehn der zwölf Bezirksparlamente.

Alternative Liste, Pfalzburger Str. 20, 1000 Berlin 31, Tel. (030) 8 61 44 49

Bunte Liste Bielefeld

Die Bunte Liste Bielefeld wurde im Februar 1979 gegründet. Im Juni 1979 wurde die Kandidatur für das Bielefelder Stadtparlament beschlossen. Am 29. September 1979 wurde die BuLi mit 5,6% der Stimmen (knapp 9000 Wähler) und vier Sitzen in den Rat und außerdem in sechs von zehn Bezirksvertretungen gewählt. Zusammen mit dem Bielefelder »Stadtblatt« organisierte die Bunte Liste im November 1980 den bundesweiten Kongreß »Alternativen in der Kommunalpolitik«. Seit Juni 1981 ist die Bunte Liste Bielefeld an der Her-

ausgabe des »Informationsdienstes Alternative Kommunalpolitik« beteiligt.
Bunte Liste Bielefeld, Elsa-Brandströmstr. 13, 4800 Bielefeld 1, Tel. (0521) 17 95 42
Fraktionsbüro: Rathaus, 4800 Bielefeld 1, Tel. (0521) 51 27 10

Bunte Liste Hamburg
Gegründet um die Jahreswende 77/78 als gedachter Zusammenschluß von Initiativen (ohne Einzelmitgliedschaft). Spaltung Anfang 1980 über unterschiedliche Positionen zur Partei DIE GRÜNEN. Nach der Spaltung arbeitet die Parlamentsfraktion (»Bergpartei«) im Bezirksparlament Eimsbüttel.
Bunte Liste (Parlamentsfraktion), Helene-Lange-Str. 2, 2000 Hamburg 13, Tel. (040) 4 10 12 90

Bürgerinitiative gegen die Startbahn West
Informationen der Bürgerinitiative gegen die Startbahn West durch die »Arbeitsgemeinschaft Volksbegehren« postlagernd, Mörfelden-Walldorf. Tel. (0 61 05) 7 67 54

Deutsche Kommunistische Partei (DKP)
Die DKP wurde am 25. 9. 1968 gegründet. Im Mai 1981 auf ihrem 6. Parteitag in Hannover zählte die DKP ca. 49 000 Mitglieder. Ihr Programm wurde auf dem Mannheimer Parteitag 1980 beschlossen. Die DKP zählt zur Zeit 93 Abgeordnete in Stadt-, Gemeindeparlamenten, Kreistagen und Orts- und Bezirksvertretungen.
Tageszeitung: Unsere Zeit (UZ).
Deutsche Kommunistische Partei, Parteivorstand, Prinz-Georg-Str. 79, 4000 Düsseldorf

Die Grünen
Die Partei »Die Grünen« wurde am 3./4.11.1979 in Offenbach gegründet; das Grundsatzprogramm wurde am 21.–23.3.1980 in Saarbrücken verabschiedet; bei der Bundestagswahl 1980 erhielten sie 1,5% der Stimmen; derzeitiger Mitgliederstand: ca. 20 000.
Die Grünen, Bundesgeschäftsstelle, Friedrich-Ebert-Allee 120, 5300 Bonn 1, Tel. (0228) 23 30 21 oder 22
Baden-Württemberg: Haus des Landtags, Konrad-Adenauer-Str. 3, 7000 Stuttgart 1, Tel. (07 11) 20 63–4 18/4 19

Grüne Bürgerliste (Mörfelden-Walldorf)
Informationen wie Wahlzeitungen und Kommunalpolitisches Programm der Grünen Bürgerliste anzufordern beim Fraktionsgeschäftsführer Rainer Wolters, Schubertstr. 6, 6082 Mörfelden-Walldorf

Renate Petzinger
Marlo Riege

Die neue Wohnungsnot

Wohnungswunder Bundesrepublik

VSA

160 Seiten; DM 12,—

88 Seiten, DM 7,—